1등은
당신처럼
공부하지
않았다

수능 만점자
30인이 말하는
바로 '내 것'이 되는
진짜 공부법

김도윤 지음

1등은
당신처럼
공부하지
않았다

쌤앤파커스

목차

PART 1 | 1등에게는 위기를 돌파할 습관이 있다 [습관편]

동기부여 | 즐거워서 잘하는 걸까, 잘해서 즐거운 걸까

습관을 만드는 공식 | 공들인 시간은 배신하지 않는다

PART 2 공부 '맥락'과 '디테일'이 차이를 만든다
[실전편]

프롤로그

'아, 어렸을 때 공부 좀 할 걸…'

사람들이 인생을 살면서 가장 많이 하는 후회가 뭘까? 한 방송 매체가 '내 인생에서 후회되는 일'이라는 주제로 사람들에게 설문 조사를 했다. 그 결과, '부모님께 효도할 걸', '술 어지간히 먹을 걸', '돈 좀 아껴 쓸 걸' 등 수많은 후회가 나왔는데, 그중 1위가 무엇인지 아는가? 10대부터 40대까지 남녀가 공통으로 꼽은 가장 후회되는 일 1위는 바로 '공부 좀 할 걸'이었다.

나도 꼭 그랬다. 지방대 출신이라는 나름의 학력 콤플렉스를 뛰어넘고자 대학 때 죽어라 공부했다. 그리고 수많은 공모전에 나가 상도 받았다. 하지만 늘 공부에 대한 갈증이 있었다. 누구나 그런 생각을 한 번쯤 하지 않는가. '학창 시절에 더 열심히 공부했다면, 내 인생이 좀 달라지지 않았을까?' 나도 좀 일찍 시작했다면, 그 시작을 좀 재미있게 했다면, 열심히만 하는 것이 아니라 효과적으로 하는 방법을 알았다면 좀 달라지지 않았을까. 그래서 나와 같은 갈증을 느끼는 사람들을 위해, 훗날 이 순간을 후회할지도 모를 학생들을 위해, '제대로' 공부를 시작하는 방법을 소개해주고 싶었다.

그때부터 수많은 자료를 조사했고, 공신들을 찾았다. 어떻게 공부한 사람들의 이야기를 담아야 많은 사람이 공감할 수 있을까? 똑똑한 사람들은 차고 넘쳤지만, 공부를 가장 치열하게 해야만 하는 사람들, 가령 학생이나 시험을 준비하는 사람들에게 가장 도움이 되는 대상을 선별하고 싶었다. 그래서 선택한 사람들이 바로 '수능 만점자'들이다.

대한민국에서 학창 시절을 보낸 사람이라면 열에 아홉은 반드시 한번은 치러봤을 대학수학능력시험. 이 시험은 1994학년도부터 시작해 2018학년도까지 응시자만 총 1,839만 명이다. 대한민국 인구가 대략 5,000만 명이라고 했을 때 35% 정도가 이에 해당한다. 또 한 해 평균 지원자는 대략 60만 명이다. 실로 엄청난 수다.

반면 만점자들은 그중 얼마나 될까. 수능이 처음 시행된 1994학년도부터 2018학년도까지 만점자 확인이 불가능해 현황을 알 수 없는 몇몇 해를 제외하고, 수능 만점자는 25년 동안 전국에 겨우

201명뿐이다. 지금까지 약 1,800만 명이 치른 시험에서 201명밖에 없다니. 심지어 제대로 알려진 사람은 불과 130명이 채 되지 않는다. 이들의 공부 이야기라면 분명 희소가치가 있고, 수많은 학생과 시험을 준비하며 치열하게 공부하는 사람들에게 도움이 되지 않을까. 그들은 지금 어디에서 무엇을 하고 있을까? 바로 수능 만점자에 대한 기사를 찾아봤고, 서울대, 연세대, 고려대와 같은 명문 대학교에 진학했다는 소식을 듣고 수소문해 어렵게 30명의 인터뷰이를 만날 수 있었다.

만점자들은 기본적으로 공부에 흥미를 느끼고 공부를 잘해서, 타고난 재능이 좀 있어서 그런 게 아닐까? 그들은 어떤 방법으로 공부해서 수능 만점이란 쾌거를 이뤄냈을까? 1등이 하는 공부란 우리가 하는 공부와 무엇이 어떻게 다를까? 130여 가지의 다양한 질문을 뽑았고 그들을 심층 인터뷰했으며 그들의 귀한 노하우를 수집할 수 있었다.

이 책은 그 인터뷰를 바탕으로 공부를 오랫동안, 재미있게 하면서, 심지어 잘할 수 있게 도와주는 만점자들의 비책을 소개한다. 최상위권 대학은 물론 행정고시, 사법고시, 공인회계사와 같은 어려운 시험에도 합격해 현재 정부와 기업의 핵심 인재로 일하고 있는 그들은 인터뷰를 하면서 자신들의 공부법을 이렇게 설명했다. "과목이 다를 뿐, 모든 시험의 공부법은 같다."라고 말이다. 그래서 이 책에 어느 시험, 어느 분야의 공부를 하더라도 통하는 공부에 대한 자세, 마음가짐, 공부 잘하는 습관과 자기 관리법 등을 체계적으로 담는 데 중점을 두었다. 또 입시를 준비하는 수험생을 위해 과목별 상세한 공부법도 부록으로 담았다.

공부를 해야 하는데 어디서부터 어떻게 시작해야 할지 몰라 고민하는 사람은 물론, 당장 자신의 공부법을 개선하는 데 도움을 받고 싶은 사람에게도 이 책은 훌륭한 길잡이가 되어줄 것이다. 공부를 시작한 후에도 포기하지 않고 지속할 수 있는 습관과 효율적으로 공부하는 방법을 배우는 데 역시 큰 도움이 될 것이다.

물론 모두가 1등이 될 필요는 없다. 하지만 적어도 1등이 어떻게 공부하는지는 알고 있어야 내 공부법을 향상시키고 성적을 올릴 수 있다. 어차피 인생에서 한 번쯤 제대로 해야 하는 것이 공부라면, 이왕이면 재미있게 잘하면 좋지 않나. 이 책이 당신에게 공부의 재미와 실력, 바로 그 두 가지를 모두 선물해줄 것이다. 1등은 당신처럼 공부하지 않았지만, 이제 당신은 1등처럼, 1등의 마음가짐과 습관으로 공부할 수 있다. 바로 이 책을 통해서 말이다.

김도윤

PART 1

1등에게는
위기를 돌파할
습관이 있다

[습관편]

동기부여

즐거워서 잘하는 걸까, 잘해서 즐거운 걸까

"솔직히 잘한다는 전제가 없었다면, 좋아하지 못했을 것 같아요. 포항의 한 시골 학교에서 6등이라고 해봤자, 사실 전국으로 따지면 그게 얼마나 대단한 성적이겠어요. 하지만 저한테는 그 성과가 공부를 좋아하는 계기가 됐던 거죠. 가시적인 성과는 재미없는 공부가 흥미롭게 느껴지는 터닝 포인트가 될 수 있어요."

"공부가 제일 쉬웠다니, 말이 돼?"

공부하는 학생들 사이에서 전설처럼 내려오는 한마디가 있다. "공부가 제일 쉬웠어요." 간혹 천재나 영재라고 불리는 친구들을 보면 사고하는 방식이 좀 다르다는 걸 느끼는데, 그런 친구들은 하나같이 저 말을 내뱉고는 한다. 그리고 성적이 좋거나 공부를 잘한다는 이야기를 많이 듣는 학생들 역시 "공부가 쉬웠다."거나 "공부가 재

만점자의 공부에 대한 흥미도

흥미의 정도	비율
매우 재미있다	13.4%
재미있다	50%
보통이다	23.3%
재미없다	10%
매우 재미없다	3.3%

미있다."고 말한다. 인터뷰에 응했던 30명의 수능 만점자도 비슷한 대답을 내놓았다.

공부가 "재미있다."라는 의견과 "매우 재미있다."라는 의견을 합하면 총 63.4%로, 공부에 대한 흥미를 조사했을 때, 대부분의 학생이 긍정적인 답변을 주었다. 공부가 재미없다는 의견은 고작 13.3%밖에 차지하지 않았다. 물론 공부를 잘한다고 인정받아온 만점자라면 앞서 언급했듯 공부를 재미있어 하는 것은 어찌 보면 당연하다.

하지만 공부를 해본 사람이라면 누구나 알지 않는가. 공부가 그렇게 재미있는 것은 아니라는 걸. 이들은 언제부터, 어떻게 해서 공부를 재미있다고 느끼게 되었을까? 공부를 해야만 하는데, 여전히 재미없고 싫은 사람도 과연 재미있다고 느낄 수 있는 걸까?

잘하면 저절로 재미있어진다

'좋아하는 것이 먼저일까, 잘하는 것이 먼저일까?' 사실 이 질문은 어떻게 보면 닭이 먼저냐, 알이 먼저냐를 묻는 것과 같다. 그러나 처음부터 공부를 좋아하지 않는 학생들에게 '좋아하는 것이 먼저다.'라는 답만 있다면 '아, 나는 그럼 평생 공부를 잘할 수 없겠구나.' 좌절하게 되지 않을까.

다행히도 만점자들의 반전 있는 대답이 우리에게 한 가지 희망을 준다. 설문 조사에서 분명 공부가 재미있다고 한 거의 모든 사람이 처음부터 공부를 좋아해서 시작한 건 아니라는 사실이다. 심지어 공부가 정말 싫었다고 말한 학생들도 있었다.

서울대 농경제사회학부 변유선 학생은 "공부하는 걸 진짜 싫어했어요. 만약 제가 성적이 잘 안 나왔으면 공부를 안 했을 거예요. 잘했기 때문에 계속한 거죠."라고 답했다. 역사학자라는 꿈이 있었던 서울대 인문광역 윤도현 학생도 자신이 공부를 잘하지 못했다면 다른 꿈을 찾았을 것이라고 고백했다. "제 꿈은 역사학자이고, 저는 공부가 좋아서 하는 거예요. 하지만 성적이 안 좋았다면 제가 좋아할 만한 다른 걸 찾았을 거 같아요."

서울대 자유전공학부 이승규 학생은 처음부터 수능 만점을 꿈꿀 수 있는 학생이 아니었다. 성적이 중위권 정도였기 때문이다. 물론 공부에 대한 흥미도 크지 않았다. 그런데 성적이 오르면서 성취감을 느끼자 공부가 재미있어졌다고 말했다.

"중학교 때 저희 반 정원이 40명이었는데, 제가 그중에서 20등을 했어요. 고등학교 입학 성적도 전교생 500명 중에 173등일 정도로 못했고요. 그때 공부를 한번 제대로 해봐야겠다고 마음먹었죠. 처음으로 시험 때문에 밤을 샜어요. 그렇게 노력하니까 그다음 첫 중간고사에서 전교 30등까지 오르더라고요. 2학년 때 전교 10등을 했고, 3학년 때는 전교 3등 안에 들었어요. 성적이 계속 오르면서 자신감이 생기니까 더 열심히 하게 되더라고요."

연세대 경영학과 서준호 학생도 마찬가지의 답변을 내놓았다.

"제가 포항시 동해면 쪽에서 중고등학교를 다녔는데, 어릴 때 가정 형편도 어려웠고 자존감도 되게 낮은 편이었어요. 그러다가 초등학교 6학년 겨울방학 때 중학교 배치 고사를 준비하는데, 그 시험이 제 위치를 객관적으로 평가받을 수 있는 무대라고 느껴져서 열심히 공부했던 것 같아요. 중학교에 입학하고 처음 치른 배치 고사에서 6등을 했죠. 생각했던 것보다 훨씬 높은 등수가 나온 걸 보고 '어? 나랑 공부가 좀 맞는 건가?' 싶더라고요. 그다음 첫 중간고사 때는 1등을 했고요. 1등을 하니까 주변에서 보는 시선도 달라지고, 스스로도 잘하는 걸 찾은 것 같아서 자존감이 점점 높아지더라고요. 그러다 보니 공부가 재미있어졌고, 노력해서 얻은 1등이란 자리를 계속 유지하고 싶은 마음에 열심히 했던 것 같아요. 솔직히 잘한다는 전제가 없었다면, 좋아한다고 느끼지 못했을 것 같아요."

성과가 나오지 않는데도 불구하고 그 일을 계속 좋아할 수 있을까? 공부도 마찬가지다. 자신이 공부한 양에 비해서 성적이 잘 안 나온다면 얼마나 허탈하겠는가. 수능 만점자도 좋은 성적이란 성과가 없었다면 공부에 대한 흥미를 지속적으로 유지하지 못했을 것이다. 그들에게는 '잘함'이라는 에너지가 공부를 좋아하고 더 잘하고 싶게 하는 원동력이 되어준 셈이다.

이를 두고 어떤 사람은 "성과를 좇는 공부가 바람직한가? 주객이 전도된 것이 아닌가?"라고 우려할 수도 있다. 하지만 그것이 꼭 문제라고만 볼 수 있을까? 열심히 노력해서 좋은 성적이라는 보상을 받고, 그로 인해 자신감이 생겨서 그 보상이 나를 움직이는 긍정적인 에너지가 되어준다면 그것으로도 충분히 의미 있다.

사실 따지고 보면 좋아함과 잘함은 상호 보완적인 관계다. 서울대 경제학부 원유석 학생은 "처음에는 확실히 잘해서 좋아한 거예요. 중학교 때까지 항상 1등이었으니까요. 그러다가 고등학교 다닐 때 공부를 제일 잘하는 건 아니라는 걸 깨닫기 시작했어요. 하지만 그때는 이미 좋아하던 거라, 더 열심히 잘할 수 있었던 거죠."라고 말했다. 잘하다 보니 좋아하게 되었고, 좋아하다 보니 더 잘하고 싶어진 것이다. 이렇게 보면 닭이 먼저이든, 달걀이 먼저이든 중요하지 않은 듯하다.

머리가 좋든, 노력을 열심히 하든, 좋은 학원을 다니든 한번쯤은 자신이 공부를 잘한다고 자신할 만한 좋은 성적을 받아볼 필요가 있다. 그 성취감이 하면 할수록 공부가 재미있다고 느끼게 해주기 때문이다. 이는 공부를 지속할 수 있는 선순환을 만들어준다.

반대로 공부를 못하면 주눅이 들고 스트레스를 받기 때문에 흥미를 느끼지 못하게 된다. 따라서 이 악순환을 하루라도 빨리 끊어 내려면 어떤 과목에서든 작은 성취라도 이뤄보는 것이 좋다.

대학 입시를 비롯한 대부분의 시험은 점수가 나온다. 결과치가 있는 시험에서, 성적이 좋지 않으면 공부가 재미없다는 사실을 우리는 이제 인정해야 한다. 내가 좋아하는 걸 계속하려면 결국 잘해야 한다. 잘해야지 그것이 더 좋아진다. 그리고 깨닫게 된다. 내가 좋아하는 걸 하기 위해서는 싫어하는 것도 잘해야 한다는 것을.

미리 SKY 대학 배지를 가슴에 달고 다닌 이유

그럼 어떻게 하면 재미없고, 어렵고, 하기 싫은 공부를 잘할 수 있는 걸까? 일단 임계점을 넘겨야 한다. 이승규 학생은 "게임만 하다가 고등학교 1학년 때 갑자기 공부를 하려고 하니까 가만히 앉아 있지 못할 정도로 고통스럽더라고요. 그래서 '재미있다.' '알고 싶다.' '이게 나에게 도움이 될 거야.'라며 계속 자기최면을 걸었어요. 어떻게든 모래알 같은 재미를 찾으려고 노력했어요. 1년 동안 그렇게 공부하니까 습관이 들고, 노하우가 생기면서 그때부터 조금씩 최면이 아닌 진짜 재미있다고 생각했던 것 같아요. 덕분에 고등학교 2학년 때부터는 좀 재미있게 공부할 수 있었던 거 같아요."라고 말했다.

모든 분야가 그렇듯이 처음 하는 순간은 힘들다. 하지만 임계점만 넘기면 재미까지는 아니더라도 고통스러움에서는 벗어날 수 있다. 그 상황에 익숙해지기 때문이다. 지금 하기 싫은 이 순간을 이겨내야 앞으로 나아갈 수 있는 힘을 얻는다는 사실을 명심하자. 일단, 책상에 앉는 연습부터 하자. 임계점을 넘기는 것은 거기서부터 시작된다.

만약 이승규 학생처럼 자기최면도 효과가 없다면, 자신이 원하는 미래의 모습을 상상하며 동기부여를 받을 수도 있다. 서준호 학생이 이 방법으로 효과를 보았다. "전 사회를 바꾸고 싶은 사람이 되고 싶었는데, 그런 사람이 되려면 뭔가 내 능력을 인정받을 수 있는 집단에 들어가야 할 것 같았어요. 당시 고등학생이었던 제가 생각하기에 그 척도는 SKY(서울대, 고려대, 연세대) 대학이었고요. 지금 생각하면 좀 웃기기는 한데, 고등학생일 때 SKY 대학 배지를

1등에게는 위기를 돌파할 습관이 있다 [습관편]

사서 교복에 달았어요. 그리고 그 학교에 다니는 저를 계속 상상했죠. 공부하다가 스트레스를 받을 때마다 그런 상상이 계속할 수 있는 힘이 되어주었어요. 기분도 좋아지고요."

공부를 게임처럼 생각한 학생들도 있었다. 서울대 경제학부 김유진 학생은 공부도 게임처럼 재미있게 할 수 있다고 했다. "사람들이 게임에 중독되는 건 보상 시스템이 확실하기 때문이에요. 그래서 전 그 구조를 공부에다가 대입시켰어요. 게임을 하다가 괴물을 잡으면 보상이 주어지는 것처럼, 내가 풀어야 할 책 한 권을 게임 속 괴물이라고 가정하고 그걸 다 풀면 나에게 좋은 선물을 하나 주는 거죠. 예를 들어 1주일 동안 문제집 한 권을 다 풀면 원하는 게임을 2시간 동안 마음껏 할 수 있게 해줬어요. 그런 보상 체계를 스스로 잘 만드는 게 중요한 거 같아요."

아무리 잘해도 해야 할 이유가 있어야 잘한다

성취감은 공부를 재미있게, 지속적으로 할 수 있는 동력은 되지만, 사실 공부를 잘하려면 공부를 왜 해야 하는가, 즉 자기만의 이유를 갖는 것이 더 중요하다. 공부를 해야만 하는 절실함, 그 필요성을 스스로 깨달았을 때 싫든 좋든 공부를 시작할 수 있다. 그래서 공부를 시작하기에 앞서 자신이 납득할 만한 이유를 찾아보는 것이 좋다.

서울대 의예과 김동만 학생도 스스로 왜 공부를 해야 하는지 돌아봐야 한다고 주장했다. "만약 내가 하고 싶은 게 있는데 그걸 하려면 공부를 해야 한다, 공부가 필요하다고 생각하면 재미없고 싫어도 하게 되어 있어요. 그러니까 자신이 하고 싶은 걸 생각해보고 그걸 하려면 공부가 필요한지, 어떤 공부가 필요한지 스스로 공부를 하고 싶고 할 수밖에 없는 이유를 찾아봤으면 좋겠어요."

입시는 육체적, 정신적, 경제적으로 굉장한 비용이 든다. 대부분의 학생들이 입시를 힘들어하는 까닭은 이런 비용 외에도 자기가 꼭 해야 하는 이유 없이 억지로 해서다. 그저 남들이 하니까, 막상 그만두면 불안하니까 하는 것이다. 하지만 만점자들은 왜 공부를 해야 하는지 크든 작든 자신만의 이유를 만들었기 때문에 좋은 성적을 거둘 수 있었다. 이유는 무엇이든 좋다. 스스로 이해할 수만 있으면 된다. 좋은 대학에 가는 게 이유가 될 수도 있고, 미래의 꿈을 위한 발판이 이유가 될 수도 있다.

서울대 사회학과 서장원 학생은 말했다. "초등학교, 중학교, 고등학교 12년 동안 공부한 이유가 오로지 서울대 사회학과에 입학하기 위한 것은 아니었다고 생각해요. 제 나름대로 삶에 대한 가치관이랑 태도를 만드는 과정이었고, 그 안에서 계속 공부해야 하는 이

1등에게는 위기를 돌파할 습관이 있다 [습관편]

유를 찾아 나갔던 거죠. 좋은 대학, 수능 만점이라는 결과를 만들어가는 과정에서 스스로 많이 성장했어요. 특히 아무리 힘든 일을 겪어도 뭐든지 해낼 수 있다는 자신감, 이게 제가 얻은 가장 큰 수확이라고 생각해요. 그래서 앞으로도 어떤 분야의 공부든 두려움 없이 계속할 수 있을 것 같아요."

공부가 성적 이상의 의미를 갖는다는 것에는 이견이 없다. 어쩌면 공부를 한다는 것은 내 미래를 위해서 지금 당장 하고 싶은 걸 참아야 하고, 내 목표를 위해서 최선을 다하는 과정을 배우는 것이기에 그 경험만으로 인생에 큰 도움이 될 것이다. 그러나 이왕이면 좋은 성적을 받아 자신감까지 덤으로 얻으면 좋지 않을까?

'왜 공부해야 하는가?'

'왜 공부해야 하는가?'란 질문에 가장 좋은 답을 찾는다면 그것은 자신의 꿈일 것이다. 꿈은 순수해서 힘이 세다. 이루고 싶은 어떤 일이 생기면, 힘들어도 참게 되며 계속하려고 한다. 그래서 좋아하는 일이나 이루고 싶은 일이 공부의 이유가 되면 좋다.

서울대 지리학과 고나영 학생에게도 그런 꿈이 있었다. "사실, 문과면 많은 학생이 경제학과나 경영학과를 가장 선호하잖아요.

하지만 저는 자발적으로 지리학과에 지원했어요. 물론 담임선생님이나 부모님은 걱정하셨죠. 딱 봐도 돈 벌기 힘들어 보이는 지리학과를 가겠다고 하니까요. 좋은 성적이 아깝다고 걱정하셨어요. 부모님은 아직도 행정고시를 준비하면 어떻겠느냐고 하시지만 저는 그 일을 평생 하고 싶지가 않아요. 그건 부모님의 바람이지, 제 꿈이 아니니까요. 저는 지리학과를 졸업하고 대학원에 갈 생각이에요. 라틴 아메리카학을 연계 전공으로 하고 있는데, 라틴 아메리카의 국가들이 겪고 있는 도시 문제라든가 이주, 이민 문화에 관해서 어떤 방향을 제시해줄 수 있는 사람이 되고 싶어요. 그래서 그 분야를 계속 연구해보고 싶어요."

어렸을 때부터 컴퓨터에 관심이 있어서 서울대 컴퓨터공학부에 들어간 김효민 학생과 미술사학을 전공하고 싶어서 서울대 인문광역에 지원한 윤도현 학생도 비슷한 경우다. 특히 윤도현 학생은 "저한테 수능 성적은 미술사학을 공부하기 위한 도구일 뿐이었어요."라는 멋진 말을 남겨주었다.

그럼 꿈이 없으면 공부를 잘할 수 없는 것일까? 꼭 그렇지는 않다. 이렇게 꿈이 확고한 경우는 큰 행운이다. 하지만 꿈은 바뀔 수도 있고 당장 없을 수도 있다. 특히 입시를 준비하는 학창 시절에는 진로에 대한 깊이 있는 탐색을 하기 어렵기 때문에, 확고한 꿈이 없을 가능성이 높고 있다고 해도 대학에 가고 사회에 나가면 얼

1등에게는 위기를 돌파할 습관이 있다 [습관편]

마든지 바뀔 수 있다.

고려대 경제학과 강석병 학생의 학창 시절 꿈은 외교관이었다. "원래 꿈이 외교관이어서 정치외교학과를 가려고 정경학부에 지원했어요. 그런데 대학에 와서 경제학을 공부해보니 그게 더 흥미로워서 경제학과를 선택했거든요. 지금은 공인회계사를 준비하고 있고요."

서울대 심리학과 강상훈 학생의 목표는 자신이 좋아하는 학과를 자유롭게 선택할 수 있는 권리를 갖는 것이었다. "전 심리학과에 가고 싶었는데 부모님께서 별로 원하지 않으시더라고요. 그래서 열심히 공부했던 거 같아요. 학교라도 좋아야지, 부모님이 원하지 않는 과를 간다고 해도 허락해주실 거 같았거든요."

자신의 꿈이 있으면 좋겠지만 꿈이 있든, 없든 중요하지 않다. 그것보다 더 중요한 것은 명확한 목표 설정이다. 꿈과 목표는 다르다. 꿈은 실현하고 싶은 바람이나 이상이 될 수도 있기 때문에 당장은 막연할 수 있지만 목표는 눈에 보이는 도달 지점이다. 목표는 꿈을 이루기 위해 밟아나가는 계단이 되어주기도 하고, 공부를 계속하고 싶게끔 만드는 성과가 될 수도 있다. 따라서 공부를 시작하고 계속해서 잘하려면 꿈이 무엇이든 상관없지만, 반드시 목표는 있어야 한다.

만점자들도 대학에서 진로를 찾고 있다. 그러니까 꿈이 없다는 이유로 너무 자신을 괴롭히지는 않았으면 한다. 진로에 대한 지나친 시간 낭비로 자신이 해야 할 일을 놓치지 말자. 그러다가 진짜 내 미래의 꿈을 놓칠지도 모른다.

친구 따라 강남 간다고? 나는 친구 따라 공부한다

어릴 적 우리 부모님은 집에 친구들이 왔을 때 항상 이런 질문을 하셨다. "공부는 잘하는 친구냐?" 그때는 별생각 없이 대답했는데, 나이가 들면 들수록 어머니가 그때 어떤 이유로 그런 질문을 했는지 깨닫고는 한다.

"친구 따라 강남 간다."라는 말이 있지 않은가. 국내 양대 포털 사이트를 만든 네이버 이해진 대표와 다음 이재웅 대표는 유년 시절 같은 아파트에 살았고, 이해진 대표와 넥슨 김정주 대표는 카이스트 석사 시절 기숙사 룸메이트였다. 심지어 이해진 대표는 카카오톡 김범수 의장과 삼성SDS 입사 동기로 같은 곳에서 직장 생활을 시작했다. 우연이라고 하기에는 운명처럼 너무 절묘하지 않은가?

이처럼 주변 친구들은 내 진로뿐만 아니라, 나의 학업에도 영향을 미친다. 특히 10대에는 또래 집단의 영향을 많이 받는다. 대부분의 시간을 학교에서 친구들과 보내기 때문이다. 만점자들 역시 주변친구들이 자신의 공부에 영향을 미친다고 입을 모아 이야기했다.

서울대 경영학과 이충영 학생은 친구들이 자신의 롤모델, 즉 닮고 싶은 대상이자 목표가 될 수도 있다고 했다. "저 같은 경우 공부하는 데 친구들의 영향을 많이 받았어요. 특히 공부 방법이나 태도를 많이 배웠죠. 선생님은 학생들에게 방법을 이해시키려고 설명을 하지만, 친구들은 직접 몸으로 보여주니까요. 작게는 문제 풀이 방법을 알려주고, 크게는 공부 시간과 공부 습관을 보여주죠. 열심히 하는 친구의 성실한 태도나 효과적인 공부 방법을 배우고 싶다거나, 잘하는 친구처럼 되고 싶다는 목표가 공부를 하게 만드는 원동력이 되어 주기도 해요."

이승규 학생도 같은 이야기를 했다. "고등학교 때는 주위에 공부를 잘하는 애들이나 공부에 의지가 있는 애들이 많았어요. 그런 친구들이랑 놀다 보니까 공부에 더 집중하게 되더라고요. 주변 친구들이 나의 학업에 굉장한 영향을 주는 거 같아요."

나와 함께 어울리는 친구들이 매일 PC방에 가고, 노래방을 다니며, 당구장에 가면 나도 그곳에 갈 확률이 높다. 친구들과 어울리지 않으면 소외당할지도 모른다는 불안감이 있기 때문이다. 그래서 함께 어울리다 보면 공부에 방해가 될 수밖에 없다. 부모님들이 왜 땅값이 비싸도 학군 좋은 곳을 찾겠는가. 공부하는 분위기가 조성된 학교에 보내야 자녀가 공부를 잘할 확률이 높기 때문이다.

공부를 하고자 하는 동기부여를 얻고 싶다면, 또 잘하고 싶다면 곁에 공부할 의지가 있는 친구를 두는 것도 방법이다. PC방이나 노래방에 함께 가듯 같이 공부할 친구만 있어도 의욕이 생기고 힘들고 긴 수험 생활을 이겨낼 수 있다.

서준호 학생은 어떤 친구를 만나느냐가 수험 생활을 결정한다고 강조했다. "10대 때는 사회 집단의 영향을 생각보다 많이 받아요. 그때는 감성이 예민하고 풍부해서 일탈의 유혹에도 잘 빠지죠. 정말 착실한 친구였는데 겉멋이 들어서 공부 안 하고 방황의 길을 걷는 친구도 있었고, 반대로 공부에 별로 흥미 없던 애가 공부 열심히 하는 친한 친구를 보고 영향을 받아서 잘하게 된 경우도 있었거든요."

어떤 친구와 어울릴 것인지는 개인의 선택이지만, 최소한 공부를 하고자 한다면 공부에 관심 있는 친구를 곁에 두어야 한다. 공부할 때 도움을 받을 수도 있고 힘들 때 위로받을 수도 있고, 또 때로는 잘하는 친구에게 자극을 받아 더 열심히 하고 싶은 마음이 들기 때문이다.

1등에게는 위기를 돌파할 습관이 있다 [습관편]

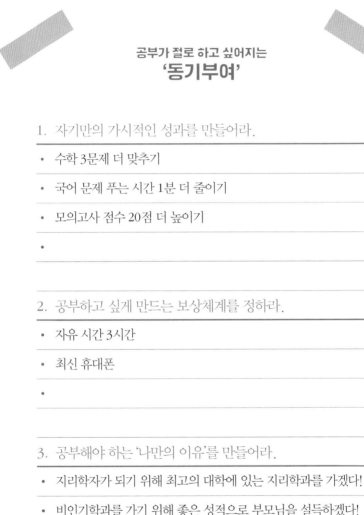

공부가 절로 하고 싶어지는
'동기부여'

1. 자기만의 가시적인 성과를 만들어라.

- 수학 3문제 더 맞추기

- 국어 문제 푸는 시간 1분 더 줄이기

- 모의고사 점수 20점 더 높이기

-

2. 공부하고 싶게 만드는 보상체계를 정하라.

- 자유 시간 3시간

- 최신 휴대폰

-

3. 공부해야 하는 '나만의 이유'를 만들어라.

- 지리학자가 되기 위해 최고의 대학에 있는 지리학과를 가겠다!

- 비인기학과를 가기 위해 좋은 성적으로 부모님을 설득하겠다!

-

습관을 만드는 공식

공들인 시간은
배신하지 않는다

타고난 재능을 이기는 것은 꾸준한 공부 습관이다. 공부 습관으로 닦아둔 탄탄한 기본
기는 내가 날고 싶을 때 훨훨 날 수 있도록 든든한 날개가 되어준다.

"잘하고 싶다면서 왜 안 하나?"

공부를 잘하고 싶은데, 제대로 해보고 싶은데 그렇게 하지 못하는
까닭은 무엇일까. IQ가 낮아서? 방법을 몰라서? 아니다. 공부를 하
지 않아서다. 공부를 잘하고 싶다면서 왜 공부를 하지 않을까? 바
로 공부 습관을 만들지 못했기 때문이다.

  타고난 재능을 이기는 것은 그를 뛰어넘는 절실함이고 습관처럼

몸에 밴 성실함이라고 생각한다. 고나영 학생 역시 이 의견에 동의했다. "진짜 맞는 말이에요. 의자에 엉덩이를 붙이고 앉아 있는 습관을 들이지 못한 애들은 가만히 앉아 있지를 못해요. 진짜 끈질기게 앉아 있어 본 사람들만 오랫동안 공부할 수 있는 거 같아요."

아무리 머리가 좋다 해도, 목표가 있다고 해도 인내력이 없으면 공부하기는 힘들다. 그 인내력, 즉 엉덩이를 붙이고 있는 습관을 통해 일단 공부를 시작해야 성적이 좋든, 나쁘든 결과를 만들어낼 수 있기 때문이다. 강상훈 학생은 엉덩이가 무거운 학생이었다. "고등학생일 때 의자에 엉덩이를 붙이고 앉아 있는 거는 잘하는 편이었어요. 끈질긴 게 있었던 거죠. 그러다 보니 절대적인 공부 시간이 많았어요."

서울대학교 경영학과 김학성 학생도 엉덩이의 중요성을 알고 있었다. "공부를 계속하는 습관이 중요한 거 같아요. 처음에는 자기가 집중력이 없다고 하더라도 인강이라도 열심히 듣거나, 단순 필기라도 하거나 일단 엉덩이를 자리에 붙이고 있는 게 중요하다고 생각해요."

공부를 효율적으로 하기에 앞서 일단 공부를 시작하는 것, 꾸준하게 버티는 것이 먼저라는 것이다. 공부를 잘하려면 우리에게 첫 번째로 필요한 것이 무거운 엉덩이다. 그 끈기에 꾸준함이란 시간을 얹어 습관을 만들고 공부가 일상이 되도록 만들어야 한다.

물론 습관을 만드는 일이 쉬운 것은 아니다. 강한 의지를 가지고 한 가지를 꾸준히 해야 하고, 그 의지가 전보다 줄어들어도 몸이 먼저 알아서 움직일 정도로 오랫동안 반복해야 비로소 습관이 된다. 공부 습관도 그렇지 않을까. 만점자들을 만나면서, 그들이 공부를 잘하는 까닭은 실상 타고난 천재여서라기보다 오랫동안 공부 습관을 탄탄하게 유지해왔고, 좋은 성적이 뒷받침되었기 때문이었다는 것을 알게 되었다. 그들의 학창 시절 성적표가 바로 근거다.

성적 스트레스가 상대적으로 적은 초등학생 시절에도 만점자의 56.7%는 반에서 1등, 전교 10등 이내의 좋은 성적을 받았다. 아무리 공부를 못하는 학생도 반에서 10등 이내의 성적을 받았다. 최상위권 학생이 절반이 넘는다는 것도 놀랍지만 재미있는 것은 중위권, 중하위권, 하위권, 최하위권 학생은 단 한 명도 없다는 점이다.

중학교 때의 성적은 어떨까? 과연 유지를 잘했을까? 반에서 1등, 전교 10등 이내인 최상위권이 66.7%로 비중이 좀 더 늘어났고 역시 중하위권, 하위권, 최하위권의 학생은 전혀 없었다. 반에서 1등, 전교 15등 이내의 학생이 가장 많았고, 아무리 성적이 떨어져도 반에서 15등, 전교에서 200등 이내의 중위권은 유지하였다.

이런 성적을 유지한 만점자들은 대부분 고등학교에 진학하고 나서도 전교 1~3등을 하거나, 아무리 못해도 전교 10등 이내의 성적을 유지했다.

1등에게는 위기를 돌파할 습관이 있다 [습관편]

서울대 의학과 강도희 학생은 "중고등학교 때 늘 전교 1등이었어요."라고 말했고, 서울대 경영학과 김승덕 학생은 "초등학교 때도 1등이었고, 중학교 때도 항상 1등이었고, 고등학교 때도 첫 모의고사에서 1등을 하고 수석으로 졸업을 했어요."라고 말했다. 한마디로 어렸을 때부터 모범생이었던 학생이 커서도 공부를 잘한 것이다.

그렇다면 어렸을 적부터 공부를 잘하지 못하거나 공부 습관을 들이지 못한 사람은 영영 반전의 기회가 없다는 말인가? 물론 아니다. 1등만 계속 1등을 한다면 1등이 아닌 많은 사람이 얼마나 절망스럽겠나. 이 설문 결과를 통해 말하고 싶은 건 "어렸을 때 공부를 못했으면 포기하라."가 아니다. 그보다는 그들이 보낸 절대적인 공부 시간에 주목해보자는 것이다.

우리는 가끔 언론에서 이야기하는 한 달 만에, 1년 만에 열심히 해서 만점을 받았다는 드라마 같은 합격 수기에 현혹된다. 책상 근처에도 가보지 않았으면서 그런 합격 수기를 보면 '그래, 나도 한번 제대로 덤비면 단기간에 되지 않을까?' 싶은 마음마저 든다. 하지만 꼴찌가 서울대에 입학하고 막노동하는 사람이 수석을 하는 이야기는 정말 극소수다. 그런 합격 수기에 의존하면 절대 공부 습관을 들일 수 없다.

한마디로 어렸을 적부터 공부하지 않았다는 사실에 절망할 필요도 없지만, 만점자들이 치열하게 노력해왔던 시간을 거저 얻으려고도 하지 말자는 소리다. 공부 습관은 '언제 시작했느냐'보다 '얼마나 오랫동안 노력하고 유지했는지'가 핵심이다. 우리가 부러워하던 만점자들 또한 타고난 것이 아니라 오랜 시간을 두고 공부에 몰두해왔다는 사실이 오히려 우리에게는 더 희망적이지 않나. 지금부터라도 장기적으로 보고 시간을 들여 노력하면 결과를 바꿀 수 있으니 말이다.

물론 그들이 어릴 적에 공부를 잘했던 이유는 시간이 전부가 아닐 수도 있다. 운이 좋았을 수도 있고 선천적인 재능이 뛰어났을 수도 있다. 처음부터 공부가 재미있었을 수도 있고, 부모님의 교육 방식, 주변 친구들의 분위기까지 공부를 잘할 수 있는 방향으로 그림이 만들어졌는지도 모른다. 하지만 그들이 공부를 잘했던 가장 큰 요인은 '절대적인 시간'을 투자하여 자신에게 주어진 그때그때의 일을 매번 '성실하게' 수행했다는 것이다.

서울대 경제학부 정현오 학생은 선생님이 과제를 내주면 그걸 꼭 해오는 학생이었다. "어렸을 때 학습지 선생님이 숙제를 내주면 꼭 다 하려고 했어요. 부모님이 보기에도 꽤 많은 양이었지만요." 그는 그 덕분에 자연스럽게 공부 습관을 들일 수 있었고 남들보다 유리한 고지를 차지했다.

1등에게는 위기를 돌파할 습관이 있다 [습관편]

성적은 타고난 '재능'이 아니라 투자한 '시간'에 비례한다

초등학교, 중학교 때 같은 어린 시절에 공부를 잘하는 것은 생각보다 중요하다. 공부 습관을 들이는 첫 단추를 잘 끼웠단 뜻이기 때문이다. 어릴 적에 공부를 잘했다는 것은, 바꿔 말하면 그만큼 기본기가 탄탄하다는 뜻이다. 초등학교, 중학교 때 성적이 중상위권에 그쳤던 서울대 정치외교학부 하형철 학생은 자신의 수능 만점 결과에 대해 이렇게 말했다.

"일단 기본적인 사고력이 바탕이 되어야 한다고 생각해요. 입시라는 긴 레이스에서 성적은 언제든지 좋았다가 떨어질 수 있어요. 하지만 결국 그 기복을 극복하고 만점을 얻게 만드는 힘은 기본기라고 생각하거든요. 간혹, 제 등수만 가지고 고등학교 선생님들이 한 20등, 30등 하는 친구들한테 1년만 열심히 하면 수능 만점 받을 수 있다고 말씀하시는데, 그건 무리라고 생각해요. 개념 이해와 기본기가 잘 다져져 있어야 응용문제도 풀 수 있거든요. 또 비중이 높은 주요 과목에 시간을 더 쓸 수 있고요. 저 같은 경우에는 고등학교 1학년 때부터 사회탐구 과목은 거의 다 만점이었어요. 어렸을 적부터 사탐 관련 책들도 많이 읽었고 국어, 영어, 사탐은 이미 기본기가 탄탄한 편이라 수학만 열심히 하면 되는 상황이었거든요. 그런 시간 안배를 통한 효율적인 공부가 좋은 결과로 이어졌고요."

이처럼 잘 닦아둔 기본기는 내가 높이 날고자 할 때 든든한 날개가 되어준다.

자, 그럼 우리는 어떻게 하면 좋을까? 최대한 빨리 시작할수록 좋다. 김승덕 학생도 그 이유를 알고 있었다. "어떻게 하면 성적을 빨리 올릴 수 있냐고 학생들이나 학부모님들이 질문할 때가 많아요. 그때마다 항상 강조하는 것은 단번에 얻을 수 있는 것은 없다, 반드시 해야 하는 얼마만큼의 노력과 절대적인 시간이 필요하다는 거거든요. 절대적인 노력의 양이 채워지지 않으면 성과를 얻을 수 없어요. 예를 들어서 A라는 사람이 B라는 사람보다 하루에 1시간 공부를 덜 했다고 해봐요. 그 1시간이 모여서 3년이 지났다고 하면요? 그러면 두 사람 사이에 1,000시간의 격차가 벌어지잖아요. 그 격차를 좁히려면 하루 24시간 꼬박 매일 공부만 한다고 했을 때 무려 42일이나 해야 하거든요. 따라잡을 수 없는 간격인 셈이죠. 하루 1시간이 만들어낸 차이가 이렇게 어마어마할 수 있다는 게 놀랍지 않아요? 내가 남들보다 하루에 1시간씩 공부를 덜 했다면, 그 1,000시간을 따라잡기 위해서 1,000시간 이상의 노력을 해야 되는 거예요. 그러니 하루라도 빨리, 1시간이라도 꾸준히 하는 게 중요한 거죠. 그렇게 벌어진 시간과 그 시간에 만들어낸 기본기가 나중에 압도적인 차이를 만들거든요. 특히 고등학생이 되면 학생들이 공부를 더 열심히 하고, 공부해야 할 양도 늘기 때문에 그 1,000시간을

037

1등에게는 위기를 돌파할 습관이 있다 [습관편]

따라잡기가 굉장히 힘들어져요. 친구들이 하루 8시간 공부할 때 내가 정말 진이 다 빠질 정도로 열심히 해서 10시간 공부할 수도 있겠죠. 그래 봐야 2시간의 격차를 줄이는 건데, 그렇게 해서 1,000시간을 어떻게 따라잡겠어요. 그래서 한 살이라도 어릴 때 공부해야 해요."

연세대 의예과 최동욱 학생은 기본기의 힘을 학창 시절 때 친구들을 보면서 느꼈다고 한다. "고등학교 때 저도 그렇고 주변에도 열심히 한 친구들이 많았거든요. 그럼에도 불구하고 성적이 달랐던 이유는 기본기의 차이예요. 저는 그전까지 공부가 재미없어도, 관성처럼 계속하기는 했어요. 그만큼 중학교 공부를 제대로 했기 때문에 고등학교 때 공부하기가 수월했죠. 그런데 다른 친구들은 기본기가 없으니까 하려고 해도 마음먹은 대로 안 되더라고요. 기본기가 없으면 고3 때 아무리 스타 강사가 요점만 알려줘도 못 알아들어요. 밥을 떠먹여주는데 못 먹는 셈이죠."

독서는 절대로 배신하지 않는다

공부 습관을 들이듯 30명의 만점자가 오랫동안 해온 공통된 습관이 하나 더 있다. 바로 독서다. 학생 중 90% 이상이 어린 시절부터 독서를 많이 했다. 서울대 경제학부 이영래 학생은 초등학교 3학년 때부터 신문을 봤었고, 연세대 의예과 김태현 학생은 어린 시절 1년에 약 500권의 책을 봤다. 그들은 어떻게 이런 습관을 갖게 되었을까.

하형철 학생은 부모님이 신문이나 책을 자주 읽는 모습을 보고 자라 자연스럽게 어렸을 때부터 책을 많이 읽게 된 경우에 속했다. "부모님이 집에서 항상 책을 읽으셨어요. 아버지는 신문을 읽으셨고, 어머니도 픽션, 논픽션이든 가리지 않고 책을 많이 읽으셨고요. 그렇게 어렸을 때 자연스럽게 책을 접했던 것이 습관이 되고, 제 안에 쌓인 거죠. 제가 문과라 글을 읽고 생각해야 하는 과목이 많은데, 독서가 큰 자산이 되었어요."

다른 학생들이 책을 접하거나 관심 있어 하게 된 경우도 비슷했다. 부모님이 책 보는 모습을 보고 자연스럽게 따라 하게 되었거나, 집에 책이 많았던 것이다.

강도희 학생도 주변 환경의 영향을 많이 받았다. "정확히 기억이 나지 않을 때부터 어머니가 늘 책을 읽어 주시고 도서관에 데리고 가셨어요. 덕분에 어렸을 때 제 놀이터가 도서관이었어요. 눈 뜨면 제 옆에는 항상 읽을 책들이 쌓여 있었고, 부모님께서도 다른 건 몰라도 책을 살 때만큼은 절대 돈을 아끼지 말라고 하셨어요. 그런 환경을 만들어주신 부모님 덕분에 공부도 책 읽기처럼 자발적으로

1등에게는 위기를 돌파할 습관이 있다 [습관편]

했던 것 같아요."

서장원 학생도 마찬가지다. "어렸을 때 집에 책이 많았어요. 그때 어머니께서 다 읽은 책 표지에 스티커를 붙여놓도록 가르쳐주셨는데, 읽은 책과 안 읽은 책을 구분해두니 그것이 동기부여가 되어서 책장에 있는 책 전부 다 스티커를 붙이고 싶다, 책을 다 읽어야겠다는 마음이 들더라고요."

자연스럽게 습득한 독서 습관은 만점자들의 학업에도 긍정적인 영향을 미쳤다. 다양한 지식을 습득함은 물론, 무언가를 읽고 생각하고 이야기하는 훈련 자체가 사고력을 기르는 데 큰 도움이 되었기 때문이다. 윤도현 학생은 초등학교 때 성적이 좋았던 이유가 독서 덕분이라고 말했다. "책에 나오는 그림을 보면서 이야기를 추론하는 게 친구들과 노는 것보다 재미있었어요. 이게 공부할 때도 도움이 되었고요." 강석병 학생 또한 같은 대답을 했다. "제가 초등학교 때 학업 성적이 좋았던 요인은, 책을 엄청 많이 읽었기 때문이에요. 초등학교 때까지는 친구가 별로 없어서 그냥 집에 와서 책 읽고 자는 게 일상이었거든요. 그게 제일 컸던 거 같아요."

무엇보다 독서의 가장 큰 장점은 활자에 익숙해지도록 도와준다는 것이다. 김동만 학생은 책 읽는 것이 교과서를 공부하는 것과 똑같다고 말했다. "공부 습관을 만드는데 제일 좋은 방법은 종이로 된 책을 보는 데에 거부감이 안 들게 하는 거예요. 그게 어려운 학생들은 만화책을 보건, 소설책을 보건, 뭘 보던 간에 책부터 좀 읽으라고 얘기를 하고 싶어요. 우리가 보는 책이 흰색 종이에 검은색 글자잖아요. 학교 교과서나 문제집도 결국 흰색 종이에 검은색 글씨거든요. 독서를 많이 한 사람은 그 환경 자체에 익숙한 거죠. 고등학교에 올라가서 급하게 공부를 시작하려고 하는 학생들이 제일 어려워하는 게 이런 많은 활자를 읽는 거거든요. 이것 자체가 일단 거부감이 드니까요."

독서를 많이 하면 글을 읽는 속도가 빨라지는데, 이 역시 공부하는 데 큰 도움이 된다. 서울대 경영학과 최규원 학생은 독서를 통해 속독가가 되었다. "제가 국어 공부에 시간을 많이 쏟지 않았는데 만점을 받을 수 있었던 이유는 8할이 독서 덕분인 것 같아요. 책을 많이 읽으면 속독할 수 있게 되거든요. 제가 어릴 때부터 책을 많이 읽었더니, 친구들이랑 같이 만화나 웹툰 같은 걸 보면 확실히 제가 빨리 읽더라고요. 시험 문제도 마찬가지예요. 속독은 시험장에서 문제를 빨리 읽고 이해할 수 있는 가장 큰 무기가 되는 거죠."

뿐만 아니라 독서를 많이 하면 독해력도 높아진다. 독서를 많이 한 사람은 자연스럽게 어휘력, 사고력, 논리력이 향상되어서 어떤 글을 읽을 때 이해력이 빠를 수밖에 없다. 긴 글을 봐도 거부감 없이 읽어낼 수 있고, 어려운 글도 논점을 쉽게 파악한다. 이는 정보를 받아들여서 구조를 파악하는 능력을 월등히 높여준다.

1등에게는 위기를 돌파할 습관이 있다 [습관편]

특히 수능에서 국어 과목의 경우, 독해력을 평가하는 문항이 많기 때문에 책을 잘 읽는 사람이 유리하다. 정현오 학생은 "국어는 진짜 책 많이 읽은 애들을 따라갈 수가 없어요."라고 했고, 서울대 경제학부 이경훈 학생 또한 "독서 습관이 안 잡혀 있는 사람은 진짜 3년 동안 국어 공부를 해도 안 되더라고요."라며 독서의 중요성을 말해주었다.

강도희 학생은 외국어도 마찬가지라고 말했다. 외국어를 해석하면 국어이기 때문이다. "영어도 국어 못지않게 독해력이 중요해요. 엄청 긴 지문을 집중해서 다 읽고 문제를 풀어야 하잖아요. 특히 어순이 다르기 때문에 이해력이 더 빨라야 하죠. 이때 독서를 많이 해서 독해력이 뛰어난 사람은 당연히 유리할 수밖에 없어요."

독서의 또 다른 장점은 배경지식이 높아진다는 것이다. 책에는 사회, 역사, 문화, 과학에 관한 내용이 나오기 때문에, 책을 많이 본 사람은 자연스럽게 다양한 배경지식을 습득하게 된다. 고나영 학생이 그런 경우다. "제가 비문학을 읽으면서 느꼈던 게, 배경지식이 풍부하면 공부에 정말 큰 도움이 되더라고요. 과학 관련 책을 오랫동안 봤더니, 수능을 칠 때 국어 비문학에서 과학이나 기술 지문이 어렵지 않았거든요. 문과였음에도 불구하고 남들이 겪는 어려움이 좀 덜했던 거죠." 한마디로 책을 많이 읽다 보면 시험 문제에 나오는 지문에 익숙해져서 남들보다 이해하기가 쉬워지는 것이다.

눈앞에 보이는 수많은 활자가 두려운가? 공부를 시작하기는 했는데, 지문을 읽어도 무슨 소리인지 잘 모르겠는가? 어렵고 긴 지문을 재미있게 읽으면서 공부 습관을 만들고 싶은가? 그럼 만점자들처럼 책을 읽어보자. 일단 활자가 적은 책을 한 권 집어 들어 읽는 것이다. 이것을 시작으로 점점 관심 분야를 넓혀나가면 어느새 독서도 공부도 어렵지 않게 느껴질지 모른다. 모든 공부가 결국에는 글을 읽는 것이라는 사실을 잊지 말자.

나만의 루틴, 몸이 기억하는 공부를 해라

습관을 들일 때 가장 중요한 것은 꾸준히 반복하는 것이다. 하형철 학생에게는 매일매일 루틴 같은 일정이 있었다. "제가 하고 싶은 것들, 제가 어떤 사람이 되고 싶은지를 생각하며 동기부여를 얻으려고 했죠. 그런데 솔직히 말해서 동기부여도 하루 이틀이지, 이거 가지고 1~2년 동안 공부하기는 좀 힘들다고 생각해요. 동기부여보다 중요한 것은 루틴 같은 습관이죠. 저 같은 경우에는 하루에 공부하는 시간을 8시간으로 정해놓고 무조건 했어요. 고등학교 3학년 1학기 때는 학교 수업을 제외하고 순수 자습 시간이 하루에 한 8시간 정도 됐거든요. 2학기 때는 자습 시간이 많아져서 매일 12시간 정도 공부했고요. 그리고 이 하루 일정을 바탕으로 1주일간 반복할 루틴을 만드는 거죠.

가령 월요일, 화요일은 12시간을 공부하고 수요일은 좀 힘드니까 11시간만 하고 일찍 들어가서 쉬자. 다시 목요일, 금요일은 12시간을 하고 토요일은 조금 일찍 들어가서 쉬자. 일요일에는 학원 수업이나 인강을 들으면서 조금 쉬자. 이렇게 1주일 사이클로 반복할 자기 루틴을 만들어놓으면 컨디션을 조절하는 데 도움이 돼요. 제 루틴을 최대한 지키려고 하다 보면 중간에 힘들다고 '아 그냥 오늘 쉴까?' 하는 마음이 들어도 내가 정한 습관대로 움직이게 되거든요. 이렇게 내가 뭘 할지 매일 고민해야 하는 피로를 덜어주는 것만으로도 수험생에게는 도움이 돼요. 그러니 자신에게 맞는 루틴을 스스로 찾아보면 좋을 것 같아요."

루틴을 통해 공부 습관을 들이게 되면 확실히 공부하는 데 힘이 덜 든다. 연세대 의학과 김현지 학생도 루틴의 효과를 경험한 적이 있다. "꾸준히 규칙적으로 하면 억지로 해야 한다는 스트레스를 받거나 참고 조금만 더 하자 스스로 채찍질해야 하는 노력을 덜 해서 좋아요. 제가 고2 때는 이런 식으로 공부하느라 스트레스를 많이 받았어요. 그런데 고3 때는 똑같이 열심히 해도 별로 스트레스 받지 않고 즐거웠던 기억밖에 없거든요. 공부한 양은 결코 적지 않은

데 말이죠. 이유는 규칙적으로 그냥 계속했기 때문이에요. 습관이 되어서 몸에 배니까 스트레스를 덜 받더라고요." 어렵고 지겹고 힘들던 공부가 힘들지 않는 순간이 온다는 경험을 해보고 싶지 않은가? 그럼 일단 공부 습관을 들이는 데 노력하자.

앞자리를 뺏기지 마라

본래 몸도 마음도 편안한 곳에 있어야 공부도 잘 되는 법이다. 나만의 아지트나 특히 공부가 더 잘 되거나 집중력이 높아지는 장소가 있는가? 가령 야간자율학습실이나 집 근처 독서실, 약간의 생활소음이 있는 조용한 카페 등 말이다. 나에게 맞는 장소, 내가 공부하기에 익숙한 장소를 찾는 것도 공부 습관을 들이는 데 좋은 방법이 될 수 있다. 하지만 처음부터 이런 장소를 만나거나 만들기는 쉽지 않다.

서울대 경제학부 변상현 학생도 자기만의 장소를 만들기 위해 노력했다. "저는 처음 습관을 들일 때 장소를 한 곳 정해서 무조건 공부만 하는 곳으로 만들었어요. 독서실이든, 도서관이든 그곳에 가면 공부만 하는 거죠."

김태현 학생은 혼자만의 힘으로 그런 장소를 만들기가 힘들어

학원의 힘을 빌렸다. "독학할 때는 강제성이 별로 없어서 앉아 있는 게 굉장히 힘들었는데, 재수 학원은 외부와 차단되니까 공부를 안 하면 할 게 없잖아요. 그래서 공부를 지속하는 데 도움을 많이 받았죠."

만점자들의 공부 장소

공부 장소	비율
(학교) 교실, 자습실, 도서관, 기숙사 자습실	83.3%
(학교 밖) 독서실, 도서관	6.7%
(집) 내 방, 기숙사 방	10%

공부를 둘러싼 환경에서 가장 중요한 것은 무엇일까? 학군, 사교육, 친구 등 수많은 요인이 있겠지만 결국 공부는 책상 앞에 앉아서 하는 것이다. 좀 더 정확히 말하면 내가 공부하는 장소가 학교 안 교실인지, 학교 밖 독서실인지, 집 안 내 방인지에 따라 집중력이 결정된다는 것이다. 사람은 장소의 영향을 많이 받기 때문이다. 그렇다면 학교 수업을 제외하고, 만점자들이 가장 많이 공부했던 장소는 어디일까? 어디에서 공부할 때 가장 집중이 잘 되었을까?

만점자들 대부분은 학교를 벗어나지 않았다. 83.3%의 학생들이 학교 안의 교실, 자습실, 도서관, 기숙사 자습실에서 공부하는 것이 가장 좋았다고 했다. 학교 밖의 도서관이나 독서실에서 공부가 잘 되었다는 사람은 고작 6.7%에 불과했다.

그들이 학교 안에서 공부하는 것이 가장 좋았다고 한 이유는 간단하다. 학교 자체가 공부하기 위해 모인 공간이기 때문에 시험을 대비하든, 공부하기 위해 집중하든 최적의 장소임은 확실하다. 윤도현 학생은 시험 장소에 미리 적응하기 위해 교실에서 공부했다고 했다.

만점자들의 의견을 바탕으로 공부 장소를 고를 때 고려해야 할 것은 3가지다.

첫째, 공부를 해야만 하는 강제적인 장치가 있는 장소.

둘째, 혼자보다는 공동의 목표를 가진 친구들이 함께 있는 장소.

셋째, 학업 분위기가 형성되어 있는 장소.

김승덕 학생도 교실에서 하는 공부가 가장 잘 됐다고 답했다. 왜냐하면 강제성이 있었기 때문이다. 변유선 학생 또한 학교 교실을 꼽았다. 대학이라는 공동의 목표를 가진 친구들과 함께 있는 곳이기 때문이다. 다만, 교실에서 공부할 때는 학업 분위기를 꼭 확인해 봐야 한다.

실제로 일반고를 졸업한 만점자는 교실에서 공부하기가 힘들었다고 고백했다. "전 학교 다닐 때 학교 밖 독서실을 다녔어요. 저희 학교는 일반고라서 학생들 성적 스펙트럼이 넓어요. 공부를 안 하는 학생들도 많다 보니 집중하기 어려운 환경이었어요. 교실에서 사람에 대한 환멸을 많이 느꼈어요. 정말 이렇게까지 부탁을 하는데 떠들 수 있나 해서요. 재수할 때는 거의 학원 교실에서 공부했어요. 아무래도 재수 학원에는 열심히 하는 애들이 오니까요."

일반고를 나온 서울대 경영학과 이동헌 학생은 학교 교실에서 하는 공부보다 학교 안에 있는 정독실(자습실)에서 공부할 때 집중력이 더 높았다고 했다. 아무래도 공부 잘하는 친구들만 공부하던 곳이라 학업 분위기가 좋았기 때문이다.

교실 밖에서 공부하는 학생이라도 위의 3가지는 반드시 고려했으면 한다. 김동만 학생은 주로 도서관에서 공부했는데 마찬가지로 이 3가지를 고려해 장소를 정했다. "저는 주변에 사람이 좀 있는 도서관 같은 곳이 공부가 잘 돼요. 내가 자리를 차지하고 앉아 있는데 공부를 안 하면 눈치 보이는 딱 그 정도 분위기의 장소요. 주변 사람들의 부스럭대는 소리도 신경 쓰게 만드는 독서실 같은 데는 오히려 공부가 안 되고요. 어느 정도 남들 눈치도 봐야 하지만, 그렇다고 숨 막힐 정도로 눈치 보지는 않는 곳이요. 너무 편한 곳은 공부를 못 해요. 누구나 그렇지 않나요?"

입시는 경쟁이고, 고3은 전쟁이다. 그렇기 때문에 나 혼자 있는 공간보다는 옆에 있는 학생들로 인해 어느 정도의 긴장감을 느낄 수 있는 곳이 학업의 끈을 잡고 있기에 좋다. 다만, 주변에 지나가는 사람들이 너무 많아서 신경이 쓰이는 카페 같은 곳은 안 된다. 기억하자. 공부를 해야만 하는 장소에서, 공동의 목표를 가진 내 경쟁자도 함께 공부할 수 있는 곳, 나아가 공부하고 싶은 친구들이 모여서 좋은 학업 분위기가 형성되어 있는 곳, 그곳이 바로 최적의 공부 장소라는 것을.

거의 모든 수능 만점자가 절대 공부하지 말아야 할 장소로 꼽은 곳은 어디일까? 바로 집이다. 공부 잘하는 학생이나 수능 만점자의 다큐멘터리를 보면 집에서 공부하는 장면들을 많이 볼 수 있었는데 이게 어떻게 된 일일까?

"집에서는 공부를 하나도 안 했어요. 집중이 잘 안 되더라고요." 라고 말한 강상훈 학생처럼 집에서 공부하기란 결코 쉽지 않다. 왜냐하면 집에는 만화책, 컴퓨터, TV, 침대 등의 유혹 요소가 너무나 많고 편하기 때문이다. 실제로 집에서 공부했다고 한 학생 중 한 명은 인강을 듣는 정도였고, 또 다른 한 명은 학교의 학습 분위기가 좋지 않아 집에서 공부를 했던 경우였다. 실제로 그 학생도 지금은 집에서 공부를 못하고 있다.

집에서 공부를 하지 않는 이유 중 하나는 학교에서 공부할 때 제대로 집중하기 위해서다. 쉴 때는 공부 생각하지 않고 잘 쉬고 잠도 자야 정말 필요한 공부를 할 때 에너지를 쏟을 수 있다. 그런 점에서 고나영 학생의 고등학교가 학생들이 공부를 잘 할 수 있도록 공간을 잘 운영하고 있었다. "상산고 기숙사 제 방에는 책상이 없어요. 책상은 기숙사 자습실에만 있어요. 기숙사 방은 오로지 쉬는 공간이에요. 이사장님 철학이 '공부할 때 공부하고 쉴 때는 쉬어라.'여서 12시 이후에는 화장실만 불이 켜져 있어요. 공부를 아예 할 수 없게 소등해버리는 거죠."

이런 방침은 학생들이 기숙사 방에서라도 마음 편하게 지내도록 해주기 위함이다. '교실에선 공부를 하고, 집에서는 휴식을 취해야 한다.'라는 말처럼 공간을 나누는 게 효과가 있다고 생각했기 때문이다. 마음이 풀어지기 십상인 곳이 집이다. 집에서 만큼은 스트레스를 덜 받아야지, 밖에서 공부할 때 좀 더 집중할 수 있다. 그러기 위해서 집에서는 최대한 쉬려고 노력해보면 어떨까?

만점자들이 효과가 있었다고 말한 몇몇 장소를 소개했지만, 같은 장소라도 사람마다 다르게 느낄 수 있기 때문에 나에게 잘 맞는 곳이면 된다.

가령 이충영 학생은 불이 다 꺼져 있고, 칸막이로 분리된 독서실에서 공부하는 게 불행한 느낌을 줘서 별로였다고 했지만, 이승규 학생은 어두컴컴한 가운데 스탠드만 딱 켜놓은, 칸막이가 있는 독서실이 모든 존재를 잊고 나만 공부할 수 있게 분위기를 만들어줘서 좋았다고 했다. 또한 원유석 학생은 집에서 공부가 제일 잘 됐다는 특이한 학생이었다. "저는 공부할 때는 혼자 있는 게 제일 잘 돼요. 그래서 매일 자습실에서 도망쳐 어떻게든 기숙사 방이나 집에 가고 싶어 했어요. 저는 독기 같은 게 없으니까, 다른 친구들과 같이 공부하는 게 별로 동기부여가 안 되더라고요. 최대한 조용하고, 다른 사람에게 방해받지 않는 곳이 좋았어요. 방해가 되는 것들을 최소로 하는 게 목표여서 늘 혼자 있고 싶었어요."

각자가 공부한 장소는 다르지만, 만점자 30명 모두의 공통점은 자신이 어디서 공부해야 하는지 잘 알고 있었다는 것이다. 여러분 또한 만점자들처럼 본인만의 최적의 공부 장소를 찾았으면 한다.

교실 안 명당을 찾아라

앞서 공부하기에 적합한 장소에 대해 이야기하면서 만점자들이 가장 선호하는 장소가 학교라고 했다. 그렇다면 학교 교실 안에서도 특히 더 공부가 잘되고 효율이 높아지는 자리가 따로 있을까? 앞자리가 주목도가 좋고 뒷자리는 시끄러워서 집중력이 떨어진다고 하는데 만점자에게도 그럴까?

물론 의지가 강해 공부를 열심히 하는 친구들은 사실 어디에 앉아도 크게 상관없다. 어디에 앉든 열심히 하기 때문이다. 하지만 본인이 집중력이 좀 떨어지거나 딴짓하는 학생이라면 의도적으로 앞

쪽에 앉는 게 좋다. 특히나 내신 성적을 중요하게 생각하는 학생이
라면 확실히 앞자리가 효과적이다. 왜냐하면 선생님과 가장 가깝
기 때문이다.

김승덕 학생 역시 앞자리가 좋다고 했다. "전 무조건 앞자리가
좋다고 생각해요. 수업을 가장 가까운 데서 들으면 선생님이 하신
말씀을 한마디도 놓치지 않을 수 있거든요." 김효민 학생도 뒷자리
보다는 앞자리가 좋다고 했다. "교실에서 앞자리에 앉는 게 뒷자리
에 있는 거보다는 확실히 도움이 되죠. 일단 앞에 앉아야지 집중이
잘 되고 선생님들이랑 친해질 수 있어서 수업을 좀 더 재미있게 들
을 수 있어요."

한마디로 선생님과 직접 소통할 수 있기 때문에 수업의 집중도
가 높아진다는 것이다. 그런 점에서 선생님과의 거리가 멀어질수
록 동시에 관심에서도 멀어질 수밖에 없다는 것이다.

서준호 학생은 특히 일반고일 경우 반드시 앞자리에 앉아야 한
다고 했다. "앞자리가 좋아요. 뒷자리는 사각지대를 찾아 자는 애
들과 떠드는 애들이 많아 분위기가 안 좋거든요." 강상훈 학생은
고3 때 아무것도 신경 쓰기가 싫어서 앞자리에 앉았다고 했다. "앞
자리가 좋죠. 뒷자리에 앉으면 앞에 사람들이 다 보이잖아요. 사람
들 행동 하나하나에 신경이 쓰일 수가 있어요. 제일 앞자리는 다른
학생들이 딴짓하는 거 안 보이잖아요."

그렇다고 무조건 맨 앞자리에 앉아야 하는 것은 아니다. 맨 앞자리가 부담스러워서 안 좋아하는 학생들은 중간에 앉아도 된다. 다만, 뒤쪽은 좋지 않다. 뒤에 앉으면 잘 안 보이기도 하고, 집중력이 떨어지기 때문이다.

물론, 이동헌 학생의 말처럼 교실에 앉아 있는 목적이 내신보다 수능이라면 이야기가 달라질 수도 있다. "고등학교 때는 자기가 조절하는 게 중요한 거 같아요. 내신 준비할 때는 선생님이 말씀해주신 이야기들이 중요하니까 앞자리에 앉았는데, 내가 다 아는 걸 수업할 때면 뒷자리에 앉아서 적당히 자기 공부하는 게 더 중요할 수도 있어요. 저는 그렇게 조절했던 거 같아요. 수업에 집중하기에는 앞자리가 제일 좋지만, 저에게 맞는 공부를 하기 위해서는 상황에 맞춰서 앉는 게 좋은 거 같아요."

다른 사람들 신경을 안 쓸 수 있는 자리는 사람마다 각자 다를 것이다. 상황마다 해야 하는 공부도 매번 다를 것이다. 중요한 건 마음 편하게 내 공부에 집중할 수 있는 자리, 그곳이 당신에게 가장 적합한 자리다.

내신 때문에 특목고를 피하지 마라

중학생 자녀를 둔 학부모들은 내 자식이 어떤 고등학교에 진학하는 것이 학업 성적에 좋은 영향을 미칠까에 대해 많은 고민을 하고 있다. 실제로 서울의 강남 8학군(강남구, 서초구)과 대구의 수성구를 보면 학군에 따라 부동산값이 얼마나 요동을 치는지, 부모들이 자식을 생각하는 마음이 얼마나 큰지 확인할 수 있다.

만점자가 졸업한 고등학교		만점자가 추천하는 고등학교	
수능 만점자 고등학교		**수능 만점자 추천 고등학교**	
고등학교 종류	비율	고등학교 종류	비율
일반고	**50.0%**	**일반고 추천**	17.2%
자사고 (사립고/공립고)	**33.4%**	**상위 고등학교 추천**	**65.6%**
특목고 (외국어고, 국제고 등)	**13.3%**		
검정고시	**3.3%**	**학생 성격, 학과 보고 추천**	17.2%

이 표를 보면 일반 고등학교와 자사고, 외고, 과고와 같은 상위 고등학교를 졸업한 만점자 모두 상위 고등학교를 더 많이 추천했다. 일반고 졸업자가 전체 인원의 50%나 차지했음에도 불구하고 일반고 추천은 17.2%에 그쳤고, 상위 고등학교 졸업자는 46.7%였지만 상위 고등학교 추천은 65.6%로 나왔다.

이와 같은 데이터가 나온 이유는 만점자 모두가 입을 모아 이야기한 학업 분위기 때문이다. 학업 분위기는 집중해서 공부를 지속할 수 있게 해주고, 이는 곧 공부 습관으로 연결된다. 김학성 학생은 갈 수만 있다면 상위 고등학교를 가는 게 좋다고 말했다. "솔직히 분위기라는 게 절대 무시할 수 없다고 생각하거든요. 내신은 당연히 불리하겠지만, 일반고에 가서 분위기에 휩쓸리지 않고 자기 할 일을 하면서 공부하는 게 훨씬 더 어려운 일인 거 같아요. 특목고 가서 내신을 따는 것보다요. 내 주변에 전부 다 열심히 하고 잘하는 애들이 있는 경우와 그렇지 않은 경우는 너무 다른 거니까요. 자기 자신이 아무리 흔들리지 않는다고 확신을 해도, 흔들리게 되어 있어요."

실제로 6대 자사고 중 하나인 상산고를 졸업한 김승덕 학생도 같은 의견이었다. "무조건 특목고를 가는 게 좋아요. 제가 간 고등학교에 공부를 잘하는 친구들이 많이 왔었고, 그 친구들이 공부하는 모습을 보면서 '나도 열심히 해야겠다.'는 좋은 자극을 많이 받았거든요. 제가 고3 때 야자를 하다가 공부하기 너무 싫어서 복도에서 친구 3명과 잠깐 장난을 치고 있었어요. 그러다가 딱 뒤를 돌아봤는데, 창문 안으로 보이는 교실 풍경에 놀랐어요. 단 한 명도 졸지 않고 허리를 꼿꼿하게 세운 채 공부하고 있는 거예요. 그런 걸 보면서 '아, 내가 지금 자만했구나.' 깨달았죠. '저 친구들 저렇

1등에게는 위기를 돌파할 습관이 있다 [습관편]

게 열심히 공부하는데 나도 얼른 들어가서 공부해야겠다.'라고 생각하고 들어갈 때가 되게 많았어요.

진짜 일찍 일어났다고 생각하면서 뿌듯한 마음으로 아침 6시 반에 도서관에 갔는데 벌써 불이 켜진 채 이미 공부하는 학생들이 있고, 그런 환경에 있다 보니 저도 더 공부를 열심히 하게 되더라고요. 그런 친구들을 보면서 많은 걸 느꼈죠. '아, 저렇게 열심히 하는 친구들도 있구나, 내가 아직 많이 부족하구나.' 그래서 제가 절 계속 밀어붙일 수 있는 원동력이 됐던 거 같아요. 공부를 잘하고 싶다면, 공부에 관심이 있거나 열심히 하는 학생들 근처로 가세요. 그것만으로도 공부할 수 있는 환경은 만들어질 겁니다."

축구를 잘하는 친구들이랑 계속 공을 차다 보면 축구를 더 잘하게 된다는 논리다. '여기에 가면 내가 뒤처지지 않을까'라고 생각하는 집단에서 공부를 하다 보면 계속 자극을 받으면서 도전하게 되고, 좋은 영향을 받는 것이다. 실제로 상산고와 같은 유명한 자사고는 그 학교 자체가 최고의 사교육 집단이다. 뛰어난 선생님이 많고, 바로 옆에 있는 내 친구가 선생님이 되어줄 수도 있다. 모르는 걸 질문하면 대답해줄 정도로 뛰어난 친구들이 많기 때문이다.

학비가 가장 비싸다고 알려진 민족사관고등학교를 졸업한 김태현 학생은 공부 환경을 파도에 비유했다. "확실히 동기부여가 많이 되기는 했죠. 다들 열심히 하니까, 다들 되게 머리가 좋으니까, 그런 애들을 따라가기 위해서라도 공부를 열심히 했고 그런 분위기에 휩쓸려서 공부를 열심히 하게 된 것도 있는 거 같아요."

강남 8학군에 속한 고등학교를 다녔던 김현지 학생은 학교를 넘어 학군 자체가 학생들의 학업에 영향을 미친다고 이야기했다. "전반적으로 진짜 다 열심히 공부하는 분위기예요. 반에서 중하위권 학생들도 다 학원을 다니고, 결국 서울 안에 있는 대학에 진학하거든요. 제가 듣기로 어떤 학교는 쉬는 시간에 공부하면 눈치가 보인다고 하더라고요. 적어도 제가 다녔던 학교는 공부하는 사람은 공부할 수 있게 해줘요. 방해는 안 해요."

이렇게 대답한 학생들의 심리는 열심히 하는 학생들과 함께 있으면 눈높이가 올라가서 아무래도 더 열심히 하게 되고, 다 함께 평균이 높아진다는 것이다. 그렇게 열심히 하는 집단은 가르치는 선생님들도 좀 더 열의를 가지고 학생들을 대하게 되어 선순환이 발생하게 된다.

상위 고등학교를 졸업한 학생들이 뛰어난 학업 분위기를 강점으로 꼽은 것은 그들이 직접 경험한 일이므로 이해가 가는데, 일반고 학생들까지 이 상위 고등학교를 추천한다는 것은 왜 그런 것일까? 오히려 상위권 학생이라면 일반고에 가서 내신을 잘 준비하는 것이 더 유리하지 않을까?

하지만 학생들에게는 자기 의지로 관리하는 내신보다 전체적인 학업 분위기가 더 중요한 듯했다. 실제로 일반고를 졸업했던 최규원 학생은 학교의 학업 분위기에 대해 이렇게 말했다. "저희 학교는 공부를 진짜 못했어요. 학습 분위기라는 거 자체가 없었어요. 예를 들어, 모의고사를 보잖아요. 사회탐구 영역이 3시 50분쯤 끝나는데 3시 45분쯤 되면, 애들이 지루하니까 뒤에서 막 공을 던지고 있어요. 저 혼자 모의고사 문제를 풀고 있는 거죠. 고3 때 수학 수업 들으면 진짜 말 그대로 저만 수업을 들었거든요. 다 자고, 휴대폰 가지고 놀고 저만 선생님께 과외를 받는 느낌이었어요. 진짜 엉망이었어요."

일반고가 내신에 있어 유리할 수는 있지만 수시를 준비할 때 학교에 대한 배신감을 많이 느꼈다는 학생이 많았다. 교내 대회도 거의 없고, 준비해주는 것도 많지 않다 보니 자신의 생활기록부가 자사고 다니는 친구의 1/3 수준 밖에 되지 않았다고 하는 학생도 있었다. 심지어 한 학생은 그런 학교의 지원 부족에 울분을 토로했다.

"제가 수시 준비할 때 애를 진짜 많이 먹었어요. 자소서에 쓸 것도 없고 진짜 아무것도 없더라고요. 서울대에는 특목고 나온 친구들이 많잖아요. 진짜 쓸 게 너무 많아서 뭘 쓸지 몰랐다고 하더라고요." 특목고가 일반고보다 내신은 불리하지만, 특목고의 다양한 프로그램이 수시의 다른 전형을 대비하는 데 오히려 도움이 되는 듯했다.

재미있는 사실은 대부분의 만점자가 내신이 강점인 사람은 일반고를 가는 게 좋다고 말했지만, 내신 때문에 일반고를 추천한다는 학생은 거의 없었다는 점이다. 어떤 환경에서든지 열심히만 할 수 있다면 현재의 구조만 놓고 봤을 때 일반고가 유리할 수밖에 없다. 그런 제도적인 허점을 이용하기에는 일반고가 훨씬 좋은데, 만점자들이 상위 고등학교를 추천하는 것은 아마 바로 옆에 있는 학생들이 자신의 공부 습관에도 영향을 주기 때문일 것이다.

　물론 상위 고등학교를 준비할 것인지, 일반 고등학교를 준비할 것인지는 본인에게 맞는 방법을 선택하면 된다. 주변 학생들의 성취도에 민감하게 반응하는 정도, 자신의 성격, 승부욕, 자기 관리 측면에서 생각해보고 잘 판단하면 된다.

　사실 모두가 민족사관고, 하나고, 상산고 같은 자사고를 가는 것은 힘들며 금전적으로도 부담이 되지 않나. 1년에 학비만 1,000~2,000만 원이고 심한 경쟁 스트레스에 정신적 부담이 클 수도 있다. 따라서 본인의 스트레스, 긴장감에 대한 민감도도 잘 파악해서, 자신에게 적합한 고등학교에 진학하는 것이 중요하다.

믿고 맡겨야 공부도 잘한다

만점자의 학부모들은 수험생인 자녀를 어떻게 대했을까? 자녀의 성적표에 일일이 집착했을까? 아니면 공부 잘하는 자식이니 무조건 믿어주었을까?

만점자 학부모의 자녀 교육 유형

학부모 자녀 교육 유형	비율
믿고 지지한다	73.3%
적당히 통제한다	20%
많이 통제한다	6.7%

실제로 만점자의 학부모 중 73.3%는 자식을 믿고 지지해주었다. 시험을 치자마자 "성적표 가져와봐." 같이 압박하는 경우는 거의 없었다. 이런 조사 결과는 수험생을 둔 부모의 태도가 자녀의 공부 습관이나 좋은 성적을 받는 데 얼마나 큰 영향을 주는지 말해준다. 내 아이가 주도적으로, 재미있게 공부하면서 성적까지 잘 나오길 바란다면 부모가 반드시 지켜야 3가지 지침이 있다.

첫 번째는 일단 수험생인 내 아이를 믿어줘야 한다는 것이다. 성적에 대한 압박과 지지를 함께 받아 본 학생 거의 모두가 부모님이 자신을 믿어주고 기다려줬던 게 정서적으로 더 안정적이었다고 말했다. 김학성 학생의 부모님 역시 그를 믿고 지지해주었다. "부모님께 감사하죠. 항상 저를 믿어주시고, 제 선택을 존중해주셨거든요. '이 정도 학교는 갔으면 한다.'라는 기대 같은 걸 내비치셨다면 저도 엄청 부담이 됐을 텐데, 저희 부모님은 그런 부담을 저에게 안 주시려고 노력을 많이 하신 거 같아요. 다른 친구들은 성적이 안 나오면 부모님이 되게 뭐라 하시던데. 제 부모님은 '시험을 왜 이렇게 못 봤어.' 이런 얘기를 하신 적이 단 한 번도 없어요."

자식이 공부를 못하면 부모가 스트레스를 받는 것은 당연하지만, 그렇다고 해서 자식의 등수를 일일이 확인하는 것은 좋지 않다. 부모가 자녀 교육을 할 때 하지 말아야 할 첫 번째가 성적표를 가지고 혼내는 것이다. 부모님을 비롯해 주변의 기대가 수험생에게는 어쩔 수 없이 큰 부담으로 다가온다. 자식을 생각하는 마음과 좋은 결과를 보았으면 하는 부모의 마음은 이해하지만, 부모가 학업에 관한 신경을 좀 덜 쓰는 게 자녀의 마음이 편할 것이다. 말하지 않더라도 부모가 믿어준다면, 자식도 그 마음을 알기 때문이다. 또 부담이 적어야 자녀도 꾸준히 자기 공부를 이어나갈 수 있다.

자식의 성적에 집착하는 부모의 안 좋은 사례는 민사고를 졸업한 김태현 학생의 주변에 종종 있었다. "민사고에는 다양한 학부모님 스타일이 있어요. '알아서 하라.'는 부모님도 많았지만, 전화로 계속 뭐 하라고 지시하면서 엄청 다그치는 부모님도 있었어요. 대

1등에게는 위기를 돌파할 습관이 있다 [습관편]

체적으로 그런 친구들이 스트레스를 많이 받아서 성격도 약간 수동적이고 위축되어 있는 편이에요."

자녀를 믿어주는 것과 동시에 부담을 덜어줘서 마음을 편안하게 해줘야 한다. 예를 들어, 자녀가 학교에서 돌아왔는데 공부와 관련해서 자세히 캐묻고 간섭하면 어쩔 수 없이 스트레스를 받을 수밖에 없다. 설사 집안의 경제적 환경이 어렵다고 할지라도 있는 그대로 모든 걸 얘기하는 것도 좋지 않고, 자녀의 성적으로 인해 학부모가 힘들어하고 있다는 걸 얘기하는 것도 좋지 않다. 수험생에게 유일하게 허용되는 부담은 수험생이 자기 자신에게 부과하는 부담뿐이다.

이동헌 학생은 어머니와 이야기를 많이 하는 편이다. "저는 학교 갔다 와서 야식 같은 거 먹으면서 어머니랑 대화를 많이 했거든요. 부모님과의 신뢰를 쌓는 게 제일 중요한 거 같아요." 대화를 많이 하고 공감해주는 친구 같은 부모. 어쩌면 부모의 믿음과 지지만큼 중요한 게 아닌가 싶다. 자식이 시험을 못 봐서 슬프다고 하면 같이 슬퍼해주고, 기쁘다고 하면 같이 기뻐해주고 말이다. 시험을 잘 봐서 자녀가 좋은 게 아니라 "시험을 잘 봐서 네가 좋아하니까 나도 좋다."라는 표현을 하는 게 훨씬 좋다.

그리고 결과에 대해서는 관대해야 된다. 고나영 학생 아버지의 말이 가장 적합한 사례였다. "'아빠는 너에게 최고가 되라고 강요하지 않는다. 부정한 방법으로 최고가 된 딸보다, 어떤 위치에 있더라도 너의 자리에서 최선을 다하는 딸이 훨씬 자랑스럽다.' 아버지가 이렇게 늘 얘기를 해주셨어요. '아빠는 네가 열심히만 했으면 됐어.' 이 말이 정말 큰 힘이 되어서, 저도 나중에 제 아이에게 그런 부모가 되고 싶어요."

사춘기 학생들은 감정적으로 기복이 클 수밖에 없는 상황이기 때문에 종종 좋지 않은 시험 점수가 나올 수도 있다. 그렇기 때문에 질책하거나 몰아세우지 않는 게 중요하다. 대신에 최선을 다하지 않았을 때의 결과에 대한 책임은 온전히 자기 것이라는 걸 충분히 인식시켜 주는 것이 필요하다.

"제가 공부할 때 부모님 때문에 스트레스를 많이 받지는 않았어요. 부모님한테 종종 혼이 날 땐 시험 결과 때문이 아니라 제가 공부하겠다고 해놓고 그 정도로 열심히 안 해서였죠. 부모님의 방식이 저한테는 도움이 많이 됐던 거 같아요. 제 주변에 공부 잘하는 친구들 부모님을 보면 대부분 성적 가지고 뭐라고 하셨거든요. 결과에 대해서 스트레스를 받았다면 저도 결과에 매몰되었을 것 같고, 엄청나게 큰 부담감으로 다가왔을 거 같아요." 이렇게 말한 하형철 학생의 부모님이 추구하는 교육 철학은 '열심히 했음에도 불구하고 성적이 안 나오면 어쩔 수 없는 거지만, 열심히 하지 않아서 성적이 안 나온 건 혼나야 한다.'이다.

1등에게는 위기를 돌파할 습관이 있다 [습관편]

결과보다는 노력하지 않은 과정에 대해서만 따끔하게 이야기하는 것이 좋다. 왜냐하면 서울대 서양사학과 윤주일 학생의 말처럼 결과만 가지고 이야기하면 좋을 게 하나도 없기 때문이다. "결과만 가지고 이야기를 하면 서로가 마음이 아파요. 왜냐면 그 누구도 그런 결과를 받고 싶어서 받은 게 아니잖아요." 자녀들은 "성적이 좀 떨어져서 아쉽네."라는 말보다 "이 정도도 잘했어."라는 말을 더 듣고 싶어 한다.

부모가 아이를 믿어주고 지지해주면 자녀는 그 믿음에 부합하기 위해서라도, 공부를 열심히 하게 된다. 특히 부모의 지지는 큰 힘이 되어 자녀가 공부에 흥미를 느끼는 데 도움이 되기도 하고, 이는 곧 공부가 일상이 되는 공부 습관으로 연결된다.

자식은 부모의 그늘에서 자란다는 말이 있다. 아이들은 자연스레 부모의 행동을 따라 하기 마련이다. 우리의 어린 시절만 생각해봐도 알 것이다. 그렇기 때문에 부모가 자녀를 지지해주는 것도 중요하지만 자녀에게 본이 되는 모습을 보이거나 학업에 자연스레 관심을 가질 수 있는 환경을 조성해주는 것도 필요하다. 강도희 학생의 부모님이 그랬다.

"저희 부모님은 공부가 일상이 되도록 최선을 다하셨어요. 공부에 관심을 가지도록 절 데리고 도서관에 매일 같이 가고, 서울대를 구경시켜주시면서 방향을 제시해주셨어요. 이처럼 공부를 하고 싶게 하거나 할 수 있게 자연스러운 환경을 조성해주는 게 가장 좋은 것 같아요. 그러면 부모님이 말하지 않아도 자발적으로 공부하게 될 테니까요."

부모가 자녀를 대할 때 또 주의해야 할 사항은 성향별, 시기별로 다르게 접근해야 한다는 것이다. 어린 시절부터 자유방임을 하면 자녀가 노는 것만 좋아할 수 있기 때문에 어렸을 때 어느 정도 틀을 잡아 놓는 것이 좋다.

이영래 학생은 어린 시절에 자녀에 대한 어느 정도의 통제가 필요하다고 주장했다. "초등학교나 중학교 때까지는 좀 관리가 필요하다고 생각해요. 고등학교 때부터는 어차피 자기 혼자 해야 되는 거 같아요. 부모님이 뭐 하라고 해도 될 나이도 아니고요." 이처럼 초등학교, 중학교 때는 방향을 잡아주고, 고등학교 때는 지지해주는 것이 좋다.

혼자서 공부를 잘하지 못하는 학생에게도 어느 정도의 강제성이 필요하다. 김승덕 학생은 "중학교 때 어머니가 참 대단하셨던 게 저녁 9시에 퇴근하고 저녁을 못 먹고 오셨어도, 제가 새벽 3시까지 공부를 하면 그때까지 옆에 계셨어요. 놀고 싶어도 공부를 할 수밖에 없었죠."라고 말했다. 알아서 열심히 잘하는 학생들은 내버려두고 믿어주면 되지만, 열심히 안 하는 학생에게는 어느 정도의 통제가 필요한 것이다.

1등에게는 위기를 돌파할 습관이 있다 [습관편]

자식의 성향에 따라서도 통제와 지지를 잘 활용해야 한다. 윤도현 학생의 부모님이 그걸 잘 알고 있었다. "저는 욕심이 많고, 열정이 많아서 스스로 하고 싶은 걸 찾아서 하는 편이거든요. 그래서 제가 하고 싶은 게 있다고 하면 부모님께서 조금 도와주기만 하셨지 뭔가 해보라고 다그치지는 않았어요. 그런데 부모님이 동생한테는 다르게 대하시더라고요. 동생은 약간 우유부단한 성격이거든요. 본인이 할 수 있을까, 없을까를 되게 망설이는 타입이에요. 그러다 보니 부모님께서 동생한테는 '이거 한번 해보는 게 어때?' 이런 식으로 계속 권유를 하시더라고요."

　만약, 학업 성적에 관해 지나치게 관여하는 부모님 때문에 과도한 스트레스를 받는 학생이라면 어떻게 해야 할까? 학생이 자신에게 적합한 교육 환경을 만들 수는 없을까? 이경훈 학생은 좋은 성적을 내고 있음에도 어머니 때문에 스트레스를 많이 받았다. "어렸을 때 성적이 안 나오면 어머니한테 혼이 좀 많이 났어요. 한 번은 반에서 2등을 해서 해맑게 집에 왔는데, '반에서 1등 해도 모자랄 판에.' 이러면서 엄청 혼난 적도 있었고요. 그래서 스트레스를 많이 받았었죠. 그러다가 초등학교 5학년 때쯤 '내가 왜 이렇게 살아야 되지?' 이대로는 안 되겠다 싶어서 어머니한테 한번 크게 화를 낸 적이 있어요. 그때부터 어머니 압박에서 벗어나서 좀 자유롭게 공부를 할 수 있었어요."

이처럼 자신이 감당하기 힘든 부분이 있다면 부모에게 직접 말을 해야 한다. 왜냐하면 말하지 않으면 부모도 알지 못하기 때문이다. 다만, 단순히 스트레스가 받기 싫다고 해서 반항하는 것은 옳지 않다. 통제를 받기 싫다면 어느 정도 부모님에게 신뢰를 주어야 한다. 부모님도 자녀가 크게 엇나가지 않고 알아서 열심히 할 것이라는 믿음이 있어야 통제하지 않는다.

자녀에 대한 교육 방식은 정해진 답이 없다. 따라서 자녀의 성향에 맞게끔 부모가 잘 조절해주는 것이 필요하다. 그러기 위해서 반드시 필요한 건 부모가 관심을 가지고 자녀를 잘 관찰하는 것이다. 자녀가 필요로 하면 울타리가 되어주기도 하고 때로는 방관하기도 하면서 말이다. 부모는 울타리가 되어줄 때 사회적인 해악으로부터 막아주는 정도까지만 관여해야지, 지나치게 간섭하는 것은 옳지 않다는 것을 다시 한 번 명심해야 한다. 그래야 개인의 흥미나 내재적인 동기로 인해 자녀가 자기주도적인 공부를 하게 되기 때문이다.

부모님의 강압적인 교육 방식은 결국 매너리즘을 부르는 요인이 되기도 한다. 공부와 관련해 학생을 끌고 가거나 밀어붙이려고 하기보다 뒤에서 받쳐준다는 생각으로 필요한 부분에 관해서만 챙겨주는 것이 더 낫다. 인생에서 처음으로 자기 인생의 방향을 결정할 수 있는 시기이기에, 부모의 의사를 투입하기보다는 자녀의 선택

1등에게는 위기를 돌파할 습관이 있다 [습관편]

을 존중하고 응원해줘야 한다. 인생도, 공부도 자녀에게 먼저 결정할 권리를 주어야 한다는 사실만 기억하면 된다.

재능은 태어났을 때부터 주어진 역량이지만 습관은 살면서 만들어가는 역량이다. 따라서 이 장에서 소개한 공부 습관을 만들어나가는 과정을 차례대로 밟다 보면 당신의 눈부신 재능의 실마리가 보이고, 인내력을 가지고 공부하다 보면 그 재능을 움켜쥐게 될 것이다. 시간이 쌓여 습관이 되고, 꾸준히 해서 일상이 되면 더 이상 힘들여 공부하지 않고, 공부할 수밖에 없는 사람이 되어 있을 것이다.

공부가 즐거운 일상이 되는
'공부 습관'

1. 공부는 빨리 시작할수록 좋다.

하루에 1시간, 3년이면 1,000시간이 훌쩍 넘는다. 1,000시간의

격차를 줄이고 싶다면 지금 당장 책상 앞에 앉아라.

2. 책 읽는 습관은 공부를 더 쉽게 만든다.

활자에 익숙해지고 이해력이 높아지며 배경지식을 쌓게 해주는 '최

고의 방법'이다.

3. 집중할 수 있는 나만의 공간을 찾아라.

나만의 공부 아지트가 더 효과적으로 공부할 수 있게 도와줄 것

이다!

집중력은 무엇으로 단련되는가?

"밤 11시에 자려고 누웠는데, 좀 불안하더라고요. '다들 공부하는데 이렇게 먼저 자도 되나?' 자습실에 있는 친구들은 1시까지 공부했거든요. 그래도 흔들리지 말아야지라고 생각했어요. 이게 제 방법이고, 저렇게 따라 한다고 해서 잘될 리가 없으니까요. 전 대신 앉아 있을 때만큼은 진짜 열심히 공부를 했거든요."

핵심은 공부의 질이다

'공부 습관'은 시험에 필요한 공부만 시작하고 지속하는 것을 이야기하지 않는다. 공부하는 데 필요한 많은 요소들을 관리하여 습관처럼 반복하는 것도 포함한다. 따라서 동기부여부터 시간관리, 체력관리, 감정관리 등 공부에 필요한 모든 요소들을 습관화해야 한다.

만점자들을 인터뷰하면서 가장 궁금했던 것 중 하나가 시간관리였다. 만점자만의 특별한 공부 방법도 중요하지만, 짧은 시간에 시간을 효율적으로 활용할 줄 알아야 공부를 잘할 수 있기 때문이다. 시험 같은 경우 한정된 시간 안에서 정해진 범위를 완벽하게 공부하는 게 중요하기 때문에, 만점자들의 시간관리법이 알고 싶었다. 특히 잠은 얼마나 자는 게 좋은지, 쉬는 시간, 이동 시간, 점심시간 같은 자투리 시간을 어떻게 활용해야 하는지 알고 싶었다. 그런데 인터뷰가 진행될수록 질문에 대한 답은 허망하기 짝이 없었다.

서울대 경제학부 심지환 학생은 "졸리면 자야죠. 그 상태로 공부해봤자 남는 건 아무것도 없어요."라고 했으며, 서울대학교 경제학부 김유진 학생은 "쉬는 시간에는 그냥 쉬었습니다." 김태현 학생은 "이동 시간에는 뭘 보면 안 돼요"라고 말했다. 학생들의 이런 답변을 들으면서 알게 되었다. 그들의 시간관리는 곧 체력관리와 깊이 연관되어 있다는 것을.

고등학교 3년의 수험 생활을 버티려면 체력이 기본이다. '체력이 곧 공부력'인 것이다. 그러려면 자투리 시간에 잘 쉬어야 하고, 자야 하는 시간에는 충분히 자는 것이 더 효과적이다. 그렇지 않으면 정작 공부해야 할 순간에 공부를 할 수 없기 때문이다.

원유석 학생은 자습 때 자는 학생들을 이해할 수 없었다고 말했다. "저희 학교가 고3 때 아침에 자습 시간을 줬었는데 애들이 정말 많이 자더라고요. 절반 이상이 잤거든요. 그렇게 된 이유가 애들

1등에게는 위기를 돌파할 습관이 있다 [습관편]

이 공부를 안 해서가 아니라 저녁 늦게까지 공부를 했기 때문이에요. 그런데 이상하게 사람들이 오전 시간을 활용할 생각을 잘 못하는 것 같아요. 사실 아침에도 공부를 많이 할 수 있거든요. 결국 시간은 똑같은데 밤늦게까지 공부하면 오전 시간은 시간대로 못 쓰고 내 몸만 힘들잖아요. 그래서 밤에 공부하고 낮에 자는 게 이해가 안 가더라고요."

밤에 졸린 데도 잠을 안 자고 공부하려고 눈에 파스를 바르는 학생도 있다는 얘기를 어디선가 들은 적이 있다. 하지만 중요한 것은 밤낮없이 공부만 하는 게 아니다. 그럴 바엔 차라리 일찍 자고, 낮에 안 자는 게 훨씬 낫다. 어차피 하루 중 공부할 시간은 정해져 있기 때문이다.

물론, 만점자 또한 내신 시험처럼 당장 외워야 할 것이 많은 날에는 어쩔 수 없이 커피나 자양강장제를 먹으며 버티기도 한다. 하지만 그건 오래 갈 수 없었다고 말한다. 강상훈 학생은 "밤에 잠이 오면 그냥 잤어요. 주변에서 다들 안 자니까 불안해서 버텨보려고 한 적은 있는데 며칠 못 가더라고요. 안 자면 다음 날에 영향을 주고 집중이 하나도 안 되니까 더 손해인 것 같아요."라고 했다.

졸릴수록 집중력은 떨어진다. 차라리 아침에 30분 정도 일찍 일어나서 하는 게 효율을 높이는 방법일 수 있다. 지금 내가 당장 실력이 부족하다고 해서, '새벽 3시까지, 4시까지 해야 돼.'라며 공부하는 건 효율적이지 못하다. 결국 다음 날 아침에 피곤하고 순간적으로 공부의 양이 늘어나도 공부의 질이 떨어지기 때문에 절대 바람직한 방법이 아니다.

인터뷰를 하면서 만점자들의 수면 시간을 조사했는데, 실제로

만점자들의 수면 시간 패턴

취침 시간	비율
PM 11:00	6.7%
PM 23:30~AM 00:30	63.3%
AM 01:00	20%
AM 01:30~02:00	10%

기상 시간	비율
AM 06:00	20%
AM 06:20~06:50	43.3%
AM 07:00	26.7%
AM 07:30~08:00	10%

평균 수면 시간	비율
4시간 30분~5시간 30분	20%
6시간~6시간 30분	56.7%
7시간	16.7%
8시간	6.6%

1등에게는 위기를 돌파할 습관이 있다 [습관편]

그들의 평균 수면 시간은 6시간 14분이었다. 평균 취침 시간은 새벽 12시 20분, 평균 기상 시간은 아침 6시 40분이었으며 6시간 이상 수면을 취하고 있는 학생이 80% 이상을 차지했다.

이승규 학생은 충분한 수면을 넘어 자신에게 맞는 수면 시간까지 직접 찾았다. "잠 자는 시간을 계속 바꿔봤어요. 12시에도 자보고 1시에도 자보고, 아침 6시에도 일어나보고, 6시 30분에도 일어나보고요. 그렇게 해서 최적의 몸 상태를 유지할 수 있는 시간대를 찾은 거죠. 저 같은 경우 밤 12시에 자서 아침 7시에 일어나는 게 진짜 개운하고 학교 가서 졸지도 않아서 그때부터 그렇게 실천했죠."

고나영 학생은 혼자서 너무 많이 자는 것이 아닌가 불안함을 느끼기도 했지만 결국 자신의 생활리듬을 유지하며 버텼다. "밤 11시에 자려고 누웠는데, 좀 불안하더라고요. '다들 공부하는데 이렇게 먼저 자도 되나?' 자습실에 있는 친구들은 1시까지 공부했거든요. 그래도 흔들리지 말아야지라고 생각했어요. 이게 제 방법이고, 저렇게 따라 한다고 해서 잘될 리가 없으니까요. 전 대신 앉아 있을 때만큼은 진짜 열심히 공부를 했거든요." 이 두 사람의 경우만 보더라도 만점자들은 냉정하리만큼 자신을 잘 파악하고 있었다.

졸면서 3시간 보내지 말고, 1시간 자고 2시간 만에 끝내라

잠은 충분히 잔다고 해도 쉬는 시간, 이동 시간, 점심시간 같은 자투리 시간에는 공부를 더 해야 하지 않을까? 과연 이 시간들은 어떻게 써야 할까? 10분, 20분이라도 공부를 해야 하는 걸까? 아니면 그 시간에 쉬는 편이었을까?

"저는 시간을 효율적으로 사용한다는 게 '자투리 시간마저 쪼개서 사용한다.'라고 생각하지는 않아요. 물론, 시험 기간에는 쉬는 시간 10분 동안에 할 수 있는 공부를 찾아서 하기는 했지만, 애초에 제 공부 스타일 자체가 '쉴 때 쉬고 할 때 한다.'이기 때문에, 쉴 때는 애들이랑 떠들고 편하게 쉬었거든요. 저한테는 그게 효율적으로 시간을 쓰는 거였어요. 쉬라고 정해놓은 시간이잖아요. 밥 먹으라고 정해놓은 시간인 거잖아요. 저는 그때 쉬거나 낮잠을 잤어요. 그때 쉬지 않으면 정작 '공부 시간'에 꾸벅꾸벅 졸거나 제대로 집중을 못하니까요. 저는 자습할 때도 너무 졸리면 그냥 엎드려 자 버렸어요. 내가 꾸벅꾸벅 졸면서 집중도 안 되는데 억지로 붙잡고 3시간 동안 할 바에는, 1시간 자고 2시간 만에 끝내버리는 게 훨씬 낫거든요. 진짜 제대로 공부하기 위해서는 공부하지 않는 시간도 필요한 거죠. 사람이 24시간 계속해서 집중할 수 있는 건 아니잖아요. 그런 시간도 공부하는 시간만큼 잘 관리해줘야 해요. 대신 앉아 있을 때만큼은 진짜 열심히 공부를 했죠. 저는 휴식도 학습의 일부라고 생각해요. 따지고 보면 수험 생활은 마라톤 같은 장기전이잖아요. 너무 오버 페이스 하면 안 되는 거거든요. 내가 죽어라 달릴 수 있는 체력이 되면 상관없지만 적절한 타이밍에서 쉬어가면서 해야죠. 누구나 힘든 순간이 오니까요. 그래서 저는 공부할 때 휴식하는 시간도 만들어 두는 것이 좋다고 생각해요."

이렇게 고나영 학생의 말처럼 쉬는 시간, 이동 시간 10~20분 같은 자투리 시간에 굳이 뭘 하려고 하기보다 공부할 때 제대로 몰입하기 위해서 그냥 쉬어주는 게 더 나을 수 있다. 최규원 학생도 이 말에 동의했다. "이동 시간, 쉬는 시간, 점심시간에는 거의 공부를 안 했어요. 거꾸로 말하면, 해야 할 때 열심히 공부를 했다는 거죠. 왜냐하면 수업 시간에 공부를 정말 열심히 했다면, 쉬는 시간에 공부를 안 하고 싶은 게 정상이에요. 오전부터 오후까지 수업이 있는데 모든 시간에 집중할 수는 없거든요. 쉬는 시간에 쉬어줘야지 다시 집중할 수 있으니까요."

혹시, 밥 먹는 시간마저 아끼기 위해, 밥을 먹으면서 영어 단어를 외우고 있는가? 쉴 때는 쉬는 데만 집중하자. 자칫 잘못하면 공부도 안 되고 쉬지도 못한다. 쉬는 시간 10분을 잘 쓰면 공부해야 할 시간에 100% 집중할 수 있고, 쉬는 시간을 제대로 관리하지 못하면 집중해야 할 시간마저 잃어버린다. 내가 진짜 몰입해야 할 순간을 위해서, 몰입하지 않는 시간도 만들어야 한다.

　쉬는 시간을 만들 때 중요한 것은 '시간만 만드는 것이 아니라' '마음마저 편하게 내려놓고' 진짜 쉬어야 한다는 것이다. 쉴 때 손해 본다고 생각하거나 불안해하면 안 된다. 원래 쉬는 시간이다. 공부 시간이 부족하지 않느냐고 말하는 학생에게 이동헌 학생의 말을 전하고 싶다. "학교에서 자습 시간을 많이 주잖아요. 쉬는 시간 만큼은 쉬어도 돼요. 학교에서 아침 8시부터 밤 11시까지 있어야 한다는 것 자체만으로도 충분하지 않을까요?"

　물론 만점자 모두가 쉬는 시간에 쉬는 것은 아니었다. 어떤 학생은 자신의 몸 상태에 맞게끔 잘 활용하고 있었다. 가령 이승규 학생은 번아웃이 되지 않기 위해 쉬는 시간을 50%만 사용한다. "번아웃을 막으려고 노력을 많이 했던 거 같아요. 예를 들어 쉬는 시간이 3~4번 있다고 하면 2번 정도는 공부를 하고, 2번 정도는 친구들이랑 수다를 떨고 이런 식으로 제가 번아웃 되지 않도록 조심했어요."

　이렇게 말하면 그들의 공부 시간이 적었다고 생각할지도 모른다. 하지만 전혀 그렇지 않다. 강도희 학생은 생일날 늘 교실에 있었다. "주말에도 학교 자습실에 가서 아침부터 밤까지 계속 공부했어요. 제 기억으로는 새해 첫날도 야자실에서 맞고, 제 생일도 야자실에서 맞은 거 같아요."

1등에게는 위기를 돌파할 습관이 있다 [습관편]

김승덕 학생에게도 공부는 늘 일상이었다. "고3 때 누구나 그렇겠지만, 진짜 하루 종일 공부했었죠. 밥 먹고 공부하고 밥 먹고 공부하고. 다른 게 생각이 나지 않을 정도로요." 만점자들은 자신이 공부해야 할 순간에 공부를 한 진짜 전문가들이었다.

여전히 자투리 시간에 집착하는 학생에게는 이충영 학생의 말을 전하고자 한다. "공부 시간에 엄청 집착하는 학생들이 있는데, 공부 시간 자체는 크게 의미가 없는 거 같아요. 공부 강도, 공부의 질이 훨씬 중요해요. 물론 처음에 습관을 만들기 위해서는 절대적인 시간, 나를 길들이는 시간이 필요하지만, 그게 쌓인 다음에는 내가 공부한 그 시간에 얼마나 열심히 했는지, 집중했는지가 중요해요."

내 눈앞에 놓인 공부에 집중하기 위해서는 건강한 몸과 정신이 있어야 한다. 그 바탕에는 충분한 수면과 휴식이 필요하다는 것을 잊지 말았으면 한다.

내가 가장 집중할 수 있는 시간은 언제인가?

공부에는 중요한 두 축이 있다. 하나는 근성을 바탕으로 한 습관, 바로 엉덩이를 의자에 붙이고 버티는 것이고, 다른 하나는 앉아 있는 시간을 효율적으로 쓰는 것이다. '공부가 잘 안 되는 것 같아.'

'의자에 앉아 있는 게 힘들어.'라는 생각이 들 때는 아직 공부 습관이 자리 잡지 않아 그런 것인지, 집중력이 떨어져서 그런 것인지 잘 구분해야 한다. 전자일 경우 일단 자리에 앉는 연습부터 시작해야 한다. 하지만 후자일 경우 집중력을 기르는 연습을 해야 한다.

습관이 든 다음에는 단순히 오래 앉아 있는 것만이 좋은 것은 아니다. 중요한 건 그 시간 안에서 내가 얼마나 집중력을 끌어 올려 효과적으로 시간을 활용했느냐이다. 그래야 공부도 잘할 수 있다. 따라서 엉덩이를 붙이고 앉아 있는, 공부 습관이 어느 정도 적응되었다면 앉아서 집중하는 힘을 길러야 한다.

열심히 공부하는 학생은 꽤 있지만, 그 시간을 효율적으로 보내는 사람은 많지 않다. 심지환 학생은 집중력이 문제라고 말했다. "공부 못하는 사람의 특징이라고 하면 공부에 집중을 못한다기보다는, 그냥 집중 자체를 못하는 경향을 보여요. 뭘 하더라도 집중을 못하더라고요."

반면 일반 학생들과 달리 수능 만점자들은 극도의 집중력을 보여주었다. 강도희 학생은 집중의 쾌감을 알고 있었다. "몰입했다는 사실 하나만으로 너무 기분이 좋은 날이 있어요. 6시간이나 공부했는데 몰입을 못한 날보다, 1시간 공부했는데 몰입한 날이 더 좋았어요." 최규원 학생은 어려운 문제를 풀면서 몰입을 경험한 적이 있었다. "수학의 정석 실력편에 좀 어려운 문제가 1개 있었는데 한

1등에게는 위기를 돌파할 습관이 있다 [습관편]

4시간인가 끙끙 헤맸던 거 같아요. 결국 그걸 풀었을 때 쾌감이 진짜 엄청났거든요. 아직도 기억이 나는 게 저녁 먹고 풀기 시작해서 한 새벽 1시까지 풀었더라고요."

집중력도 개발하면 충분히 향상될 수 있는 능력이다. 처음에 40분 앉아 있기도 힘든 학생이 2시간 앉아 있을 수 있는 습관이 생기듯이, 집중력도 연습하고 반복하면 늘어서 하다 보면 집중하는 시간도 길어진다. 최동욱 학생도 집중력은 단련이 가능하다고 말했다. "사고의 속도는 IQ 같은 유전인데, 사고를 오래 지속할 수 있는 집중력은 유전이 아닌 거 같아요. 집중력은 개발할 수 있어요." 그렇다면 집중력은 어떻게 높일 수 있는 것일까?

하형철 학생은 집중력에 관한 체계적인 훈련을 한 수험생이었다. "제가 느끼기에 주변에서 집중을 못하는 친구들의 가장 큰 특징은 자신의 생체 리듬을 몰라요. 처음에는 앉아서 집중을 해요. '아, 나도 공부해야겠다.' 하고 공부를 하죠. 그러다가 어느 정도 시간이 지나면 '아, 내가 꽤 열심히 한 거 같은데.' 하고 긴장을 늦추죠. 그런데 방심하는 순간 집중력이 떨어지는 거예요. 그래서 본인이 얼마나 집중할 수 있는지 생체 리듬을 아는 게 중요해요. 그러려면 스톱워치를 활용해서 시간을 재보는 게 좋아요. 저 같은 경우에는 20분까지 집중하다가 20분에서 40분 사이에 집중력이 떨어지고, 그걸 또 넘어가면 1시간 반까지는 쭉 집중할 수 있더라고요. 이렇게 자기 생체 리듬을 먼저 파악하고, 집중력이 떨어지는 시간이 올 때쯤 긴장을 하거나 다른 과목으로 분위기를 바꿔주는 거죠. 자세를 바꿔줘도 좋고요. 그것도 아니면 다시 빠르게 집중할 수 있도록 강제로 수학 문제를 푼다든지. 그런 식으로 시간을 넘기면 그 이후에는 또 관성이 생기거든요. 그래서 자신이 집중할 수 있는 시간을 먼저 파악하는 게 중요한 거 같아요."

공부도 정신노동이기 때문에 일반적인 재화와 마찬가지로 생산성이라는 개념이 적용한다. 다른 노동과 마찬가지로 일정 시간까지는 생산 효율이 높아지다가 일정 시간이 지나면 하락하기 때문에 가장 생산 효율이 높은 지점을 선택해야 한다. 이 최고점은 사람마다 다 다르기 때문에 자신에게 맞는 적절한 공부량을 직접 찾아야 한다. 그리고 나서 자기에게 맞는 타임 테이블을 짜면 된다.

자기가 최대치로 집중할 수 있는 시간이 1시간이라면 1시간 집중하고 5분 쉬고, 다시 1시간 공부하고 5분 휴식하는 방법이 필요하다는 뜻이다. 공부하면서 에너지를 쓴 만큼 중간에 휴식 시간을 줘야 다시 집중할 수 있다. 이처럼 자기한테 맞는 집중 시간을 찾아야 자신의 최대 역량을 끌어낼 수 있다.

1등에게는 위기를 돌파할 습관이 있다 [습관편]

집중력에도 커트라인이 있다

돋보기에 햇볕의 에너지를 모아서 초점을 맞추면 그 지점에만 온도가 높아져 타기 시작한다. 직장 생활도, 학교생활도 돋보기의 초점 같은 목표가 없다면, 우리가 왜 시간을 효율적으로 써야 하는지, 무엇에 집중해야 하는지 의미가 없어진다. 시간을 의미 있게 쓰려면 목표가 반드시 필요하다.

윤도현 학생은 "목표가 있어야 할 거 같아요. '오늘은 내가 수학 10문제를 풀고 자겠다.' 같은 구체적이고 명확한 목표요."라고 말했다. 이처럼 목표가 있어야 그 시간 안에 공부를 끝내려고 하기 때문에 집중력도 높아진다. 목표 없이 공부만 해서는 집중력이 높아지기 힘들다. 이는 회사에서 10시간 근무 시간을 주는 것보다, 프로젝트를 끝내면 가도 된다는 목표를 주는 것과 같은 원리이다. 당연히 후자의 직원들의 능률이 높다.

강도희 학생은 시간제한을 통해 집중력을 높였다. "시간에 제한을 두고 정해진 분량을 끝내려고 하면 집중이 되더라고요. 고등학교 3학년 때 학원 야자실에 있을 수 있는 시간이 저녁 10시 30분부터 12시까지였는데, 그 시간 동안 풀어야 할 모의고사 문제의 양을 정해뒀어요. 그렇게 시간 안에 빠르게 풀려는 것이 몰입에 도움이 되더라고요. 시간제한을 두면 사람이 집중을 하게 되잖아요. 그때

확 집중하는 방법을 깨달았어요."

교재를 볼 때 자신의 수준과 해야 할 과제 수준이 어느 정도 비슷한 것이 좋다. 몰입이 안 되는 것은 자신의 역량에 비해 너무 어려운 문제를 보고 있는 것일 수도 있어서다. 그렇게 되면 너무 어려운 문제 때문에 아예 공부를 포기하게 될 수도 있다. 자신에게 적합한 교재를 본다면 집중력이 좀 더 오를 것이다.

이런 방법 외에도 집중하는 데 방해가 되는 요소를 차단하는 것만으로도 집중력 향상에 도움이 될 때가 있다. 갑자기 휴대폰이 울린다든지, 친구가 PC방을 가자고 한다든지 하면 어떻겠나. 당연히 공부의 흐름이 끊긴다. 이럴 때 집중력을 높이는 가장 좋은 방법은 휴대폰을 끄고 친구의 제안을 거절하는 것이다. 공부할 때 신경이 다른 곳으로 분산되지 않도록 공부 환경을 관리하는 것이다. 이승규 학생 역시 외부 방해요소들을 다 차단해야 한다고 말했다. "매일 게임을 하면 공부하다가도 당연히 게임 생각이 나겠죠. 그런데 계속 안 하다 보면 생각도 덜 나거든요. 유혹의 요소들을 다 없애버리면 집중력이 점점 올라가요."

인간에게 주어진 것 중 유일하게 평등한 것이 시간이다. 습관이 그 시간을 어디에 쓰느냐를 결정한다면, 집중력은 그 시간을 얼마나 효율적으로 쓸 수 있는지를 결정한다. '어디에, 얼마나'란 무기를 잘 사용하는 여러분이 되길 바란다.

1등에게는 위기를 돌파할 습관이 있다 [습관편]

SNS는 '진짜로' 인생의 낭비다

집중력을 기르고 싶다면 외부의 방해요소를 차단하라고 했다. 이 때 특히 만점자들이 입을 모아 차단하라고 한 것이 바로 '스마트폰'이다. 퍼거슨이 이야기했다. SNS는 인생의 낭비라고. 그렇다. 스마트폰은 수험생에게 사치다.

만점자 스마트폰 사용 유무

휴대폰 현황	비율
피처폰 사용	46.7%
스마트폰 사용	46.7%
휴대폰 사용 안함	6.6%

스마트폰 가입자 수가 4,960만 명이라고 하는데, 이 숫자를 보면 세상에 스마트폰이 없는 사람을 찾기가 더 힘들 것 같다. 그런데 만점자 중 피처폰을 사용하거나 휴대폰이 없는 비율이 53.3%나 차지한다. 한창 호기심이 많은 10대 후반의 학생에게 스마트폰이 없다는 건 실로 대단한 일이다.

물론 스마트폰에 대한 충분한 자제력이 있으면 맹목적으로 차단하지 않아도 된다. 하지만 그것이 말처럼 쉬울까? 스마트폰 중독이란 말이 괜히 나왔겠는가.

최규원 학생도 스마트폰을 사용하지 않는 것에 동의했다. "저 같은 경우 고등학교 때 스마트폰이 아니라 피처폰을 썼거든요. 스마트폰이 있으면 공부를 안 할 거 같아서요. 그 덕에 고등학교 때는 자리에 앉으면 공부하는 게 습관이었는데, 현재 행정고시를 준비하는 동안에는 수시로 휴대폰을 보는 게 습관이 되어서 좀 공부에 방해가 돼요. 10분 공부하다가 휴대폰 보고, 인터넷 한번 보고, 그리고 10분 공부하고 그런 경우도 있거든요. 그래서 진짜 미치겠어요. 우선 휴대폰부터 피처폰으로 바꿔볼까 생각 중이에요. 저처럼 공부를 열심히 했던 사람도 환경을 이기는 건 힘들더라구요. 이길 수 없는 환경은 애초에 만들지 않는 게 안전한 거 같아요."

이영래 학생은 고3 때까지 스마트폰이 아니라 휴대폰 자체가 없었다. "전 고3 때까지 휴대폰이 없었어요. 수능 시험을 본 날에 샀어요. 제가 중3 때 스마트폰 공기계를 잠시 썼었는데, 그걸 갖고 놀았기 때문에 제가 가고 싶었던 고등학교에 떨어진 거 같았거든요. 방해가 많이 되는 거 같아요." 최동욱 학생 또한 의견이 같았다. "저 같은 경우 휴대폰이 없었어요. 지금은 휴대폰이 있는데 이게 마법의 기계예요. 혼자 뭘 할 수가 없어요. 학창 시절에 안 쓰길 잘한 거 같아요. 저는 공부에 방해가 되는 유혹은 그 자체를 없애 버려야 한다고 생각해요."

스마트폰을 사용했음에도 불구하고 좋은 학업 성적을 유지한 사

1등에게는 위기를 돌파할 습관이 있다 [습관편]

람은 두 부류 중 하나였다. 학교나 학원에 휴대폰 반입이 안 돼서 실제 공부할 때 스마트폰을 사용할 수 없었거나, 자신이 공부할 때는 스마트폰의 전원을 꺼 놓거나 집에 두고 다녀서 휴대폰을 자신의 손이 닿지 않는 곳에 멀리 떨어뜨려 놓은 경우가 이에 해당했다. 아주 간혹 스마트폰 사용을 적절하게 사용하는 만점자도 있었는데, 대부분 게임이나 SNS 같은 것에 관심 자체가 별로 없는 학생이었다.

스마트폰이 우리 삶에 주는 편리함은 이루 말할 수 없다. 하지만 학업에 있어서만큼은 긍정적인 영향을 준다고 주장할 수 있는 사람은 거의 없을 것이다. 오히려 공부에 방해가 되고 학업 분위기가 안 좋아질 확률이 훨씬 높다. 확실히 휴대폰은 공부할 때만큼은 적이다. 자신이 정말로 공부를 열심히 할 생각이 있는데, 휴대폰의 유혹을 이길 수 있을지, 없을지 자신이 없다면 휴대폰이란 방해요소를 차단하는 것이 좋다.

사람마다 자신의 집중력에 해가 되는 것이 있을 거다. 게임과 노래일 수도 있고, 피해 의식, 경쟁심, 과도한 입시 정보 같은 것이 될 수도 있다. 자기 스스로 통제가 안 될 것 같다 싶은 것들은 잘 기억해두고 하지 않아야 한다. 자신이 어떤 성향의 사람인지는 자신이 제일 잘 알고 있다. 내가 게임을 하면서도 공부할 수 있는 사람인지, 아닌 사람인지 잘 판단해야 한다. 설사 게임을 한다고 하더라도 공부를 먼저 하고 게임을 해야 한다. 게임을 먼저 하고 공부를 하는 건 거의 불가능하다. 게임은 그만둘 수 없기 때문이다.

이승규 학생은 자신을 정확하게 알고 있던 수험생이었다. "저는 일반 학생들처럼 유혹에 약한 편이에요. 친구들이 PC방 가자고 하면 같이 가고 싶고, 공부하다가 카톡 보고 싶고, 다행히 그런 저를 알았기 때문에 고등학교 때 유혹 요소들을 거의 차단했거든요. 부모님한테 말씀드려서 거실에 TV 선도 뽑아 달라고 하고, 컴퓨터에 있는 게임도 다 지우고, 스마트폰도 사용 안 하고, 당시 사용하던 피처폰도 항상 집에 놔두고 다녔어요. 저 스스로 공부에 집중할 수밖에 없는 환경을 만든 거죠."

이승규 학생처럼 스스로 통제할 자신이 없다면 제일 좋은 건 피하는 것이다. 눈앞에 두고 참지도 못할 것을 참으려고 애쓰지 말고, 그냥 그런 환경을 피하면 어떨까? 사소하게는 내 주변에 휴대폰을 두지 않는 것부터 시작해보자. 하루 동선을 짤 때 나의 공부에 대한 관심을 분산시킬 만한 요소들을 없애는 것만으로 학업 성적은 올라갈 것이다. 공부를 잘하기 위한 요소들을 찾는 것도 좋지만, 공부를 방해하는 요소들을 차단하는 것만으로도 나의 집중력은 높아질 것이다.

성적이 오르면 슬럼프가 사라진다

새벽 6시 30분에 일어나서 밥을 급하게 먹고, 학교에 간다. 도착하면 오전 9시부터 1교시가 시작된다. 그렇게 오후 6시까지 쭉 수업을 듣는다. 학교 정규 수업을 마치면 야자를 하거나 학원에서 남은 시간을 보내고 집에 오면 저녁 11시. 잠깐 씻고 새벽 1시까지 공부하다가 잠드는, 공부만으로 하루를 꽉 채우는 것이 수험생의 하루다. 아침에 일어나서 잠들 때까지 공부하고, 새벽에 나갔다가 새벽에 들어온다는 수험생의 시간은 내일도 같고, 그다음 날도 같다. 그런 삶을 3년 동안 보내다 보면, 슬럼프가 찾아오는 것이 어쩌면 당연한 게 아닐까. 그럼 이런 다람쥐 쳇바퀴처럼 똑같은 반복되는 일상을 견디는 방법이 있을까?

김동만 학생은 그런 슬럼프의 원인이 불안감이라고 했다. "슬럼프는 미래에 대한 불안감 때문에 온다고 생각해요. 결국 '수능 못 보면 어떡하지?' 이것도 내가 지금 열심히 공부하고 있는데 나중에 성적이 안 나오면 어쩌지? 이런 불안감 때문이잖아요. 그러면 공부가 하기 싫어지고 불안하고, 힘들단 말이에요. 밤에 잠도 안 오고요. 그런데 그렇다고 멈춰버리면 슬럼프가 오거든요. 저도 그랬고요. 그때 해결할 수 있었던 게 딱 하나예요. 그럴수록 책상 앞에 붙어 있어야 해요. 되게 잔인한 이야기지만 저는 그렇게 했었거든요.

미래에 대한 불안함 때문에 공부가 잘 안 되어서 스트레스 받지만 그렇다고 지금 해야 할 걸 놓으면 더 불안해지지 않을까요? 거기서 악순환이 시작되기 때문에, 힘들어도 책상 앞에 앉아서 버티라고밖에 얘기할 수 없어요. 사실 슬럼프가 있는 게 아니라, 자기 마음이 만들어낸 불안인 거잖아요. 극복하는 방법도 따로 있는 게 아니라 그냥 앉아 있으면 되거든요. '슬럼프가 왔다.'라는 말을 막 '상황적으로 어쩔 수가 없다.'라고 말하는 사람들이 많은데 그게 아니라는 거죠. 주어진 상황에서 어떤 선택을 할 건지가 잠시 불안하다 말지, 슬럼프가 될지 결정하는 거죠."

슬럼프를 겪지 않으려면 매일 규칙적으로 생활해야 한다. 최규원 학생은 "전 슬럼프가 딱히 없었어요. 반복된 일상이 좋았거든요."라고 이야기했다. 어떻게 반복된 일상이 좋을 수 있을까? 그에 대한 답은 김현지 학생이 가지고 있었다. "규칙적으로 하는 게 제일 좋은 거 같아요. 매일 똑같은 일상이 지루할 수 있지만, 규칙처럼 만들어버리면 고민할 시간이 줄어드니까 덜 힘든 거 같아요." 루틴처럼 똑같은 하루이기 때문에 생각할 필요가 없어서 편하다는 것이다.

루틴이 반복적인 일상을 버티는 방법이라면, 그 동력은 바로 목표다. 김학성 학생은 슬럼프를 극복하려면 목표를 찾아야 한다고 했다. "고3 때 슬럼프가 있었기 때문에 수능에서 실패한 거 같아

1등에게는 위기를 돌파할 습관이 있다 [습관편]

요. 수능까지 아직 한참 남은 거 같은데, 매일 똑같이 공부하다 보니 굳이 오늘 또 공부를 해야 되나 같은 매너리즘에 빠졌었거든요. 그때 필요한 건 목표 의식이에요. 목표 의식이 없으면 굳이 지금과 똑같은 루틴을 반복해야 할 이유가 없잖아요. 그 대학에 꼭 가고 싶다는 확실한 목표 의식이 있으면 매일 반복되는 일상을 버틸 수 있는 거죠."

그러나 가끔 너무 힘들어 루틴도 무용지물처럼 느껴질 때가 오면 그때는 매너리즘에 빠지지 않게 푹 쉬어야 한다. 대부분의 만점자는 슬럼프가 찾아왔을 때 일정 기간 동안 잘 쉬었다고 했다. 김태현 학생에게는 한 달 하루 법칙이 있었다. "한 달에 하루 정도는 학원 안 가고, 하고 싶은 거 하면서 놀았어요. 그러면 슬럼프가 극복되는 것 같았거든요. 입시는 길게 보고 준비하는 거니까 하루 정도는 컨디션 조절을 위해서 그렇게 해도 되는 거 같아요."

김태현 학생처럼 하루를 푹 쉬면서 그 시간에 친구랑 함께 산책할 수도 있고, 운동할 수도 있고, 소설책을 읽을 수도 있고, 취미 생활로 기타를 칠 수도 있을 것이다. 그 하루는 긴 수험 생활에서 잠시 벗어나 자신에게 자유를 누리게 해주는 시간이다. 수능 시험 직전이 아니라면 때로는 자습을 빠지는 일탈도 괜찮다. 다만 여기서 주의할 것은 반복된 일상에 약간의 변화를 느낄 정도의 일탈이어야 한다는 것이다. 다시 전력질주하기 위해 숨고르기를 하는 것이라고 생각해야 한다. 일탈이 계속되면 그것은 쉼이 아니라 방황이다.

정현오 학생도 휴식의 중요성에 대해 말했다. "공부만 하고 못 쉬면 당연히 탈진하겠죠. 그러니까 휴식도 계획하는 게 중요한 거 같아요. 저 같은 경우에는 하교하고 자기 전에 한 1시간 쉬고 또 토요일마다 쉬었거든요. 쉬지 않아서 슬럼프가 오면 안 되니까요. 뭐든 예측 범위 안에 있어야 돼요. 쉬는 것도 계획해서 자신을 컨베이어 벨트처럼 돌리는 거죠." 공부하는 데 집중이 안 된다면 그 날은 과감하게 버려라. 슬럼프가 찾아오면 그냥 쉬어라. 그런 날은 공부를 해봤자 남는 것이 없다. 지금껏 공부해온 내용들이 자신에게 잘 쌓여 있다고 믿고, 하루 쉬었다는 것에 죄책감을 느끼지 않아야 한다.

슬럼프를 잘 극복하는 것은 자신의 학업 성적으로 이어진다. 만약 6월 모의고사에서 성적이 떨어진 학생이 슬럼프를 겪고 있다면 어떻게 극복해야 할까? 자신감을 가지려는 노력? 선생님과의 상담? 가장 효과적인 것은 9월 모의고사에서 좋은 성적표를 받는 것이다. 성적이 올라야 자신감도 덩달아 올라가고, 그 성적으로 인해 슬럼프가 사라지기 때문이다. 이승규 학생도 이 방법 덕분에 공부가 힘들지 않았다. "힘들지 않았던 이유 중에 하나는 어떻게 보면 성적이 계속 올랐기 때문이에요. 매일 똑같은 일상인데, 성적까지 좋지 않으면 정말 힘들잖아요. 성적이 오르니까 자신감도 붙고 학생 부장 선생님도 막 다크호스라고 잘한다고 칭찬해주시니까 힘이 나더라고요."

누구나 불안하다, 좌절할 때 지는 거다

입시 경쟁으로 인해 수험생이 느낄 불안감은 어마어마하다. 옆자리 친구는 물론 학교, 전국에 있는 수험생들과의 경쟁한다고 생각해봐라. 적게는 30명, 많게는 전국 60만 수험생과 경쟁하는 것이다. 한창 감수성이 풍부한 어린 10대의 청소년이 감당하기에 너무 버거운 일이다.

이미 경쟁의 한복판에 서서 두려워하는 학생들에게 경쟁에 대한 압박감을 느끼지 말라는, 불안해하지 말라고 말하는 것만큼 명청한 조언은 없을 것이다. 선생님과 부모님 또한 학생들의 성적과 등수로 서열을 매기는 게 현실 아닌가. 학업 스트레스를 받고 싶지 않아도 이미 받을 수밖에 없는 대한민국에서 청소년 자살률 1위라는 불명예는 괜히 나타난 현상이 아닐 것이다.

하지만 불안감이나 멘탈 관리도 공부 습관을 들이는 데 반드시 필요한 요소다. 앞서 슬럼프의 원인도 불안감이라고 하지 않았나.

결국 불안감을 줄이거나 불안감에 일희일비하지 않아야 슬럼프가 와도 공부를 계속할 수 있다. 그렇다면 이런 불안감을 좀 덜 느끼도록 만들 방법은 없을까? 만점자들이 말한 첫 번째 해결책은 타인과의 경쟁보다 자신의 성장에 초점을 맞추라는 것이다. 남과 경쟁하는 마음을 버리는 건 현실적으로 쉽지 않다. 남을 이겨야 하는 경쟁 구도에서는 남이 먼저 눈에 들어오기 때문이다.

하지만 그래서 더 남들과의 경쟁보다 자신의 성장에 초점을 맞춰야 한다. 그래야 불안감을 덜 느낀다. 입시는 타인이 아닌 나와의 싸움에서 이겨내는 것이라 생각해야 하고, 이겨내야 할 대상 역시 나 자신이라 생각하는 것이다. 윤도현 학생의 경우, 남들보다는 자신의 점수, 성적에 초점을 맞추어 그것을 이겨내기 위해 노력했다. "남들과의 경쟁보다 자신의 점수를 목표로 삼는 게 좋다고 생각해요. 그게 긍정적인 성취감을 느끼기 더 좋거든요."

사람은 달성하고 싶은 목표를 위해 최선을 다하는 과정에서 성장한다. 목표를 이루지 못하는 것도 실패하는 것도 괜찮지만, 적어도 그 과정에 후회가 남으면 안 된다. 김동만 학생은 자신의 재수 시절, 가장 후회되었던 일을 한 가지 고백했다. "몇 년 지나고 나서 지금의 학창 시절을 되돌아봤을 때, '내가 그때 공부 좀만 더할 걸.' 이라는 생각을 안 하도록 최선을 다해 해봤으면 좋겠어요. 보름에 한 번 정도 PC방 가서 게임하고 올 수도 있어요. 그런데 매일매일

하면 '그때 PC방 가지 말고 좀 더했으면 뭔가 달랐을까.'라는 생각을 나중에라도 하게 될 걸요. 그러면 행복하지 않겠죠. 제가 재수할 때 제일 힘들었던 게 '여름방학 기간 동안 공부를 했었다면 달라졌을까?'였거든요. 그 생각이 끊임없이 저를 괴롭혔어요. 다른 학생들은 지금 후회하지 않을 시간을 보냈으면 좋겠어요."

만약 자신의 목표에 초점을 맞추는 것이 어렵고 여전히 주변 사람이 신경 쓰인다면 바로 옆에 있는 친구가 경쟁자가 아니라고 자꾸만 주문을 외워보면 어떨까. 성적에서 중요한 건 전국 단위 지표지만, 내가 영향을 크게 받는 건 아마 내 주변 친구들의 성적일 것이다. 사람은 눈에 보이지 않는 대상보다, 눈에 보이는 작은 스트레스에 더 민감하게 반응하기 때문이다. 매번 시험을 치는 순간, 친구이자 동시에 경쟁자인 친구가 의식이 되면서 불안할 수밖에 없다. 나보다 공부를 잘하는 학생은 항상 있기 때문이다.

하지만, 수능은 전국 단위의 시험이기 때문에 자신이 전국에서 어느 수준에 도달했는지가 중요한 것이지 옆에 친구들이 나보다 시험을 얼마나 잘 보는지에만 신경 써서는 안 된다는 걸 명심해야 한다. 그보다는 이 힘든 입시 준비 기간에 내 옆의 친구가 경쟁자라기보다 그 힘듦을 함께 헤쳐 나갈 호의적인 관계라고 생각하는 것이 더 낫다. 특히 수능 공부를 하면서 필요한 공부를 혼자서 해 나가는 데는 한계가 있기 때문에 친구에게 도움을 받을 수 있다는 사실을 알면 마음먹기에 도움이 될 것이다.

입시가 상대 평가라서 주변 친구들을 신경 안 쓸 수는 없지만, 시야를 넓혀야 한다고 김승덕 학생은 강조했다. "반에서 1등, 전교에서 1등, 전국적으로 보면 정말 작은 점이거든요. 내 상대는 교실 옆자리에 있는 친구뿐만이 아니라, 전국 어디선가 지금 밤새고 있을 다른 학생이기도 하거든요. 내 경쟁 상대를 전국의 60만 명으로 봐야지 우리 학교에 있는 학생들만 한정해서 볼 건 아니에요. 그렇기 때문에 옆에 있는 친구들 성적에 휘둘리며 불안해할 필요는 없는 거 같아요. 결국 내가 전국에서 몇 등이냐가 중요한 거잖아요." 친구가 나보다 좋은 성적을 받았을 때 불안한 걸 부정할 수는 없지만, 이 경쟁 구도 자체를 '옆자리와의 경쟁보다는 좀 더 거대한 입시판에서의 경쟁이다.'라고 생각하는 게 자신의 불안을 잠재우는 데 더 도움이 될 것이다.

그럼에도 불구하고, 여전히 주변 사람들의 성적이 신경 쓰인다면 최후의 방법은 자신보다 등수가 높은 사람을 만들지 않는 것이다. 신경 쓸 대상 자체를 없애는 것이다. 한 수능 만점자는 고백했다. "저희 학교는 한 달에 한 번씩 시험을 보고 1등부터 20등까지 벽보에 딱 붙여 놔요. 친구들 성적이 다 공개되는 거죠. 그걸 보고 신경 쓰는 친구들이 굉장히 많았는데 저는 솔직히 좋았어요. 제가 1등이었거든요. 경쟁하는 동안 불안감을 잠재우는 가장 좋은 방법

1등에게는 위기를 돌파할 습관이 있다 [습관편]

은 1등을 하는 것 같아요.”

하지만 당장 이 방법을 써먹기가 힘들다면 불안을 잠재우는 또 다른 방법은 성적에 대해 일희일비하지 않는 것이다. 세계적인 패션 스쿨인 파슨스에 유학을 간 지인이 나에게 ‘힘들 때 어떻게 해야 하는지’ 물어본 적이 있다. 그때 “네가 힘들든, 힘들지 않든 일희일비하지 말고 네가 해야 할 일은 반드시 해라. 그 과정에서 시간이 쌓이다 보면 역경은 이미 넘어서 있을 거다.”라고 대답한 기억이 난다.

강도희 학생도 같은 생각을 가지고 있었다. “제가 진짜 멘탈이 안 좋았거든요. 하지만 유리 멘탈이랑 공부랑은 딱히 상관이 없었어요. 불안하다고 엉엉 울고 난 다음에도 공부는 늘 했거든요. 습관처럼요. 제 마음이 힘든 것과 그날 하루의 공부를 하지 않는 것은 다른 거예요. 그건 의지의 문제거든요. 내 멘탈 상태가 어떻든 그날 내가 할 거는 해야 하니까요.” 만점자들은 알고 있었다. 아무리 힘든 순간에서조차 내 할 일을 잃지 말아야 한다는 것을 말이다.

입시 경쟁의 무게가 힘겹겠지만 시험 하나로 내 인생이 결정되는 것이 아니라는 점을 항상 기억했으면 한다. 좋은 성적을 받으면 당연히 좋겠지만, 내가 여기서 실패하더라도 이후 역전할 수 있는 기회는 늘 있기 마련이다. 특히 원하는 대학에 떨어졌다고 삶이 끝난 것처럼 좌절할 필요는 절대 없다. 대학은 우리가 꿈꾸는 삶으로 나아가는 과정 중 하나일 뿐, 최종 목표는 아니다.

　정현오 학생은 그런 생각으로 힘든 시절을 버틴 적이 있었다. "지금에서야 대학이 전부가 아니라는 것을 깨달았지만, 그때는 저도 두려움 속에 갇혀 있었던 거 같아요. 1등인데도 떨어질까 봐 전전긍긍했거든요. 내색하지 않으려고 노력했던 거죠. 저 같은 경우에는 그럴 때 더 큰 상상을 했던 거 같아요. '대통령이 되겠다.' 같은 약간 허황된 꿈을 꾸면 지금 내가 느끼는 압박감이 작아 보이더라고요. 지금 하고 있는 걸 일부러 별거 아니라고 세뇌시키는 거죠."

　수험 생활, 입시 경쟁에 지쳐 있는 당신에게 마지막으로 말하고 싶다. 아무리 힘들어도 자기 자신을 잃지 않았으면 한다. 불안해할 필요 없다. 당신이 불안한 만큼, 고민이 많은 만큼 올바른 길로 가고 있다는 의미니까. 그 고민과 두려움에 지지 않고 헤쳐 나가다 보면 그만큼 좋은 결과가 나올 것이다. 이제 남은 건 자신에 대한 확신이다.

정말 공부하기 싫을 땐 공부를 잊어라

만점자 대부분은 반에서 1등을 하고, 전교에서도 최상위권의 학생이었다. 분명 일반 학생들보다는 공부에 흥미를 갖고 성적이 잘 나왔지만, 아이러니하게도 성적이 뛰어났기 때문에 더 학업 스트레스를 받아야 했다. 그렇다면 만점자들은 언제 공부하기가 싫었고, 어떻게 그 시기를 잘 넘겼을까?

김승덕 학생은 "노력한 만큼 성적이 안 나올 때가 제일 힘들죠. '아, 이렇게 하면 서울대 경영학과 못 갈 거 같은데, 저는 재수라는 걸 정말 생각도 안 해봤는데 이러다가 재수를 할 수도 있겠네.' 이런 생각이 들 때요."라고 말했다. 최동욱 학생도 이와 같은 생각이다. "성적이 안 나왔을 때죠. 고3 때 9월 모의평가 때 연세대 일반과도 못 갈 정도의 충격적인 성적을 받았거든요. 6월 모의평가 때 잘 나오다가 성적이 뚝 떨어지니까, 이 추세가 이어질까 봐 몹시 불안해지더라고요. 그때 방황을 많이 했어요."

심지환 학생도 "수학 점수 앞자리가 바뀔 때 얼마나 상심이 컸는지 몰라요. 수능 국어 3등급 나올 때는 또 어떻고요. 수학 문제 1번 같은 거 틀리는 날은 내가 사람인가 싶고, 어떻게 이런 걸 틀릴 수 있냐 자괴감도 들고요."라고 말했다. 이처럼 공부를 하면서 스트레스를 받는다는 건 공부 자체에 대한 스트레스보다, 점수에 대한 스트레스이다. '이렇게 열심히 했는데 성적이 잘 안 나오면 어떡하지.'라는 걱정이 크기 때문이다.

고나영 학생은 과정보다 결과를 중시하는 입시 제도 자체를 힘들어했다. "우리나라 입시 교육 자체가 결과를 신경 써야만 하잖아요. 공부를 하면서 내 역량이 얼마나 증가했는지는 별로 중요하지 않잖아요. 열심히 공부했음에도 지난번보다 시험을 못 쳤으면 마음이 편하지가 않았거든요. 성적이 떨어졌으니까요. 아빠가 '최선을 다했으면 됐다.'라고 말씀해주셔도 그렇더라고요. 매 순간순간 그런 것들 때문에 힘들었어요. 결과가 잘 나오면 좋으면서도 '아, 이 성적 지상주의 세상' 하고 떨어지면 떨어지는 대로 힘들고요."

고등학교 때는 인생의 전부가 성적인 것처럼 보이는 시절이기에, 성적 하나하나에 더 힘들어하고 있는 것이다.

심지환 학생은 대학에 대해 큰 욕심이 있지는 않았었다. "입시가 정말 무서운 게 공부를 하다 보니까 정말로 좋은 대학에 가고 싶다는 생각이 들더라고요. 제가 학기 초에 선생님께 했던 얘기가 있어요. '저, 중경외시만 가도 행복할 것 같아요.'라고요. 그런데 학원을 다니면서 목표치가 연고대로 높아졌어요. 그런데 현역 때 입시를 실패하고 재수하니까 서울대라는 목표가 새로 생긴 거예요. 그 전까지는 서울대는 딱히 생각이 없었거든요. 바라봐도 못 가니까요. 입시가 은근슬쩍 저를 그런 욕망에 밀어 넣더라고요. 그걸 느끼고 나니까 무섭더라고요. 대안학교 나와서 서울 상위권 대학에 가면 잘 간 거일 텐데, 큰 욕심이 있는 학생도 아니었는데 놀랍게도 서울대에 가고 싶더라고요."

특히 학생들이 가장 스트레스를 많이 받는 때는 수능을 치르기

1등에게는 위기를 돌파할 습관이 있다 [습관편]

두세 달 전인 8~10월이다. 시험이 얼마 남지 않았다는 것과 단 한 번에 끝난다는 부담감, 그리고 체력적으로 많이 지친 시기이기 때문이다. 고나영 학생에게도 그런 시기가 있었다.

"수험생한테는 항상 여름이 제일 고비인 거 같거든요. 날도 덥고 시험이 얼마 남지 않은 시기이기도 하고요. 그때 정말 학교에 나가서 한 3~4일을 공부를 안 하고 그냥 종일 소설책만 읽거나 휴대폰 보고 유튜브 보면서 시간을 보냈어요. 그러니까 갑자기 경각심이 들면서 공부할 수 있는 힘이 솟는 거예요. '아, 나 그동안 뭐한 거지. 너무 쉬었다.' 갑자기 다시 시작하고 싶은 마음이 드는 거예요. 그때부터 다시 공부가 잘되더라고요."

공부가 너무 하기 싫을 때는 잠시 공부를 하지 않아도 된다. 책상에 왜 앉아 있는지도 모르고, 집중조차 안 되는 상황에서 필요한 건 쉼일지도 모른다. 그동안 공부를 열심히 했던 사람이라면 잠깐 쉬고 나면 재충전이 되어 다시 책상 앞에 앉아 있는 자신을 보게 될 것이다.

두 번째 해결 방법은 내 목표를 위해서 지금의 힘든 시기를 지나야 한다는 것을 받아들이는 것이다. 이승규 학생은 고등학교 2학년 때부터 목표를 가지고 있었다. "저는 서울대 자유전공학부를 목표로 해서 합격한 선배들 합격 수기를 많이 읽었어요. 한 1년 동안 학과 홈페이지 계속 보면서 거기에 어떤 교수님이 있고, 어떤 수업이 있는지, 어떤 동아리가 있는지를 봤어요. 그 학과를 다닌 사람들보다도 더 속속들이 알고 있었어요. 대학에 들어가서 나는 이런 동아리를 하고, 이런 선배님을 만나고, 이 교수님 밑에서 배워야겠다는 그런 생각을 한 거죠. 그렇게 매일 하니까 이게 이뤄야만 하는 꿈이 되는 거예요. 이걸 이루지 않으면 내가 생각했던 그 그림이 다 무너지는 거니까요. 저는 이미 20대 초반의 그림을 다 그려놨는데, 그게 깨져버리면 너무 당황스럽잖아요. 그래서 공부를 계속 했던 거 같아요."

세 번째 방법은 성적에 대한 피드백으로 자신을 단련시키는 것이다. 그것을 완벽하게 수행한 사람은 바로 김승덕 학생이었다. "전 항상 '아, 나 잘한다. 내가 최고다.'라고 자만하게 될 때쯤이면 꼭 시험을 망쳤어요. 제가 조금만 경계를 늦추어도 그게 결과로 티가 난 거죠. 왜냐면 최상위권에서는 1문제 싸움이 아니라 1점 싸움이거든요. 조금만 틀어져도 주변에서 혼신의 노력을 다해서 공부하는 친구들이 전부 다 적이 되는 거죠. 그런 식으로 모의고사 같은 시험을 통해 지속적인 피드백이 있으니까 내가 어느 위치에 있구나 깨닫고 더 열심히 하게 된 거 같아요. 중간중간에 머리도 마구잡이로 밀었어요."

김승덕 학생이 택해서 효과를 본 방법을 보면 결국 해답은 또다시 공부를 하는 것뿐이다. 그 과정을 통해서 좋은 성적을 받고 자

1등에게는 위기를 돌파할 습관이 있다 [습관편]

신에 대한 확신을 얻을 때 내 앞에 닥친 고비를 넘길 수 있다. 마음이 힘들 때마다, 공부가 너무 하기 싫을 때마다 생각하자. 내가 지금 공부하지 않고 나중에 정말 후회할 일이 없을까에 대해서 생각해보는 것이다. 공부를 안 했을 때 대학 생활은 어떨지, 공부를 했을 때 대학 생활은 어떨지를 상상해보자.

만점자들은 고비가 없어서, 모든 걸 이겨내서 늘 1등을 했을까? 큰 착각이다. 그들 또한 수능 시험장을 나오는 그 순간까지 부담감을 완전히 극복하지 못했고, 중심을 잡기 위해서 늘 노력해야만 했다. 힘든 수험 생활을 잘 헤쳐 나갔다기보다 익숙해진 거고, 어떻게든 버틴 거다. 자신의 미래를 위해서 그래야만 하는 시기였기 때문이다.

우리는 지금 이 힘든 시기를 왜 버텨야 하는 걸까? 김유진 학생은 재수까지 하면서 끝까지 포기하지 않고 열심히 했던 이유에 대해서 다음과 같이 말했다. "지금 포기하면 나중에도 포기할 것 같아서 전부를 걸었어요. 음악을 하든, 체육을 하든, 공부를 하든 모든 게 본질은 다르지 않잖아요. 못하는 상태에서 잘하기 위해서 갈고 닦는 그 과정은 대부분 비슷하잖아요. 지금 포기하지 않아야, 나중에도 포기하지 않을 거 같았어요."어쩌면 우리는 지금 좋은 대학에 가기 위해서 공부를 하기보다는, 인생에서 포기하지 않는 방법을 배우기 위해서 이 시기를 지나고 있는지도 모른다.

스트레스에 대처하는 특별한 자세

아무리 공부를 잘했다고 해도 피해갈 수 없는 것이 바로 학업 스트레스이다. 과연 만점자들은 스트레스를 어떻게 해소했을까? "카페에 가서 친구들이랑 얘기하거나, 부모님 몰래 가끔씩 TV 보고, 자기 전에 스마트폰 가지고 놀았어요." 김현지 학생의 말처럼 만점자들의 스트레스 해소하는 방법은 일반 학생들과 크게 다르지 않았다. 고나영 학생은 유튜브를 봤고, 김동만 학생은 음악을 들었고, 김유진 학생은 그저 잠을 잤다. 그 외에 많은 학생들은 운동을 하거나, 영화를 보거나, 친구들과 수다를 떠는 등 각자의 방법으로 스트레스를 풀었다.

잠시 동안이라도 공부에 대한 스트레스를 잊고 몰입할 수 있는 것은 그게 무엇이든지 꼭 필요하다. 누구에게나 탈출구는 필요하기 때문이다. 실제로 학생들에게 설문을 했을 때 휴식을 취하는 방법 1위는 수면 및 휴식이었고, 2위는 음악 감상, 3위는 친구들과 수다 떨기나 맛있는 것을 먹는 것이었다.

자신이 좋아하는 모든 취미가 수험생에게 좋은 스트레스 해소 방법은 아니다. 특히 게임이나 웹툰처럼 중독성 있는 취미 생활은 피하는 것이 좋다. 왜냐하면 지나치게 많은 시간을 뺏기기 때문이다. 변유선 학생은 공부를 안 하는 건 괜찮은데 게임은 하지 말아야 한다고 강조했다. "게임을 하면 절대 안 될 거 같아요. 게임을 한번 했던 적이 있는데 너무 재미있는 거예요. 그것밖에 생각이 안 나더라고요." 원유석 학생도 같은 의견이다. "저는 다행인 게 콘솔, 플레이스테이션처럼 혼자 하는 게임을 좋아했어요. 그건 친구들이랑 안 하거든요. 그래서 중독성이 약할 수밖에 없어요. 전 지금도 PC방을 별로 좋아하지 않는데 가끔 가면 시간이 되게 빨리 가요. 온라인 게임을 하면서 다른 사람들과 경쟁을 하다가 지면 또 한 판 하고 가야 되잖아요. 제가 만약에 애를 키우면 저는 절대로 어린 시절에는 전자기기를 주지 않을 거 같아요."

이처럼 자기 의지로 극복되지 않는 게임은 수험생활 기간만큼은 최소화하는 것이 필요하다.

운동은 스트레스 해소에 좋은 대표적인 방법이다. 꾸준한 운동은 수험 기간에 필요한 체력 관리가 될뿐더러, 힘을 쓰거나 땀을 내면 자연스레 스트레스가 많이 풀리기 때문이다. 하지만 고등학교 3학년 때만큼은 지나친 운동은 자제하는 것이 좋다. 격렬한 운동은 저녁 시간의 피곤함을 유발시키기 때문이다. 특히 남학생들 같은 경우 다칠 수도 있다. 가벼운 걷기 정도가 수험생에게 적당한 운동이다.

스트레스를 받지 않기 위해서는 어떻게 해야 할까? 고나영 학생은 내려놓을 줄 아는 태도가 가장 먼저 필요하다고 말한다. "열심히 공부하는 것도 중요하지만, 잘 내려놓을 줄 아는 것도 필요한 거 같아요. 제가 고등학교를 자사고로 들어갔는데, 중학교 때 전국에서 1등 했던 애들이 모인 학교잖아요. 그러다 보니 간혹 어떤 과목은 5등급이 나온 적도 있었거든요. 막상 그런 등급을 처음 받았어도 큰 충격은 없었어요. 내가 이거 한 과목 5등급 받았다고 해서 내 인생이 5등급인 건 아니잖아요. 여기 있는 애들이 모든 과목을 다 잘하는 것도 아니고. 그냥 저보다 잘하는 애가 있으면 '쟤는 진짜 공부를 잘하기는 한다. 하지만 내가 쟤보다 몇 등 아래라고 해서 공부 역량이 떨어지는 것은 아니다. 나도 얼마든지 하면 할 수 있다.' 그렇게 생각을 하다 보니 마음이 편하더라고요.

멘탈 관리가 진짜 중요한 게, 중학교 때 전국에서 1등 하던 애들이 모인 만큼 그 안에서 뒤쳐져서 적응을 못하는 친구들도 되게 많았거든요. 경쟁에 대한 압박과 등수에 대한 박탈감이 공부를 더 하지 못하게 한 거죠. 설사 5등급을 받아도 여러분의 인생이 5등급이 아니란 사실, 그거 하나만큼은 기억해 주셨으면 해요."

강석병 학생은 실제로 지나친 스트레스로 성적이 낮아진 경험이 있었다. "제가 원래는 스트레스를 많이 받는 성격이었어요. 근데 제가 고등학교 1학년때 수학 성적이 되게 곤두박질 친 적이 한 번 있었어요. 기말고사 때 100점 만점에 49점을 받아버린 거예요. 기말고사 전에 스트레스를 받아서 공부하기 싫어졌고, 시험 때 긴장도 많이 했던 거죠. 그때 이후로 '아, 스트레스 받으면 될 것도 안 되는구나.' 생각이 들어서 그냥 내려놨어요. 내려놓으니까 확실히 많이 도움이 되더라고요."

스트레스를 받지 않는 두 번째 방법은 자책하지 않는 것이다. 원유석 학생은 평소에도 자책을 하지 않으려고 노력을 하고 있었다. "자책 그 자체를 안 하려고 노력을 많이 했어요. 가끔 '아, 나는 해도 안돼.'라며 자학적인 친구들이 좀 있어요. 그래서 자신감을 잃는 경우가 진짜 나쁜 거 같아요. 그러면 자기가 열심히 해도 자기 실력만큼 안 나오니까요." 자신감을 잃는 걸 경계해야 한다. 방심한 순간 자책의 악순환에 빠지기 때문이다.

스트레스를 받는 건 괜찮지만, 무력감에 빠지면 안 된다. 강석병 학생은 무력감을 긴장감으로 바꿔야 한다고 말했다. "자기 관리 측면에서 긴장감 때문에 오히려 아무것도 못하는 친구들을 몇 명 봤어요. 긴장감이 너무 커지다 보니까 무력감으로 바뀌더라고요. 쉬는데 맘 편하게 쉬는 것도 아니고, 걱정하면서 되게 힘든 상태로 쉬는 거죠. 그게 제일 위험하다고 생각을 해요. 무력감을 다시 긴장감으로 바꾸어서 할 거면 하고, 쉴 거면 그냥 내려놓고 쉬어야죠." 이런 무기력함에 빠지다 보면 그냥 책상에 앉아 있기만 하고, 머리에 공부는 안 들어가게 되는 것이다.

이와 같은 스트레스는 우리만 받는 것이 결코 아니다. 만점자조차 스트레스는 완벽하게 해결하지 못했다. 강도희 학생은 "아, 저는 스트레스를 잘 해결 못했어요."라고 말했고, 이충영 학생 또한 "저는 스트레스를 되게 많이 받았어요. 스트레스에 매몰된 건 아니지만, 그걸 안고 계속 공부를 했던 거 같아요."라고 말했다. 윤도현 학생은 지나친 스트레스로 고등학교 3학년 때 매일 위경련과 두통이 생기고 소화 장애까지 있었다. 실제로 고등학교 2학년 말에는 몸까지 혹사 시켜버리는 바람에 내가 3학년을 제대로 보낼 수 있을까 하는 걱정까지도 했었다.

그런 그들이 우리와 달랐던 결정적 한 가지는 무엇이었을까? 그럼에도 공부는 계속 했다는 것이다. 그에 대한 답을 김유진 학생이 명쾌하게 내려주었다. "고3 때 가장 힘든 것은 '내가 이렇게 공부한 것들이 좋은 결과를 맺을 수 있을까'라는 불안감이죠. 사실 불안감이 생기는 거는 어쩔 수 없거든요. 중요한 것은 그런 불안감 속에서도 공부를 하느냐, 안 하느냐의 중심을 잡는 거죠. 불안감을 줄일 수 있는 유일한 방법은 공부를 더 하는 것뿐이니까요."

수험생인 친구들은 다들 공부를 열심히 하고 있을 것이다. 그런데 불안해하고 걱정하는 시간들이 너무 많지 않은가 싶을 때가 있다. 불안한 마음에 다른 걸 못하는 것은 이해한다. 책을 봐야 되는데 책이 안 보일 테니까. 물론, 걱정할 수는 있지만 스트레스 해소라는 변명으로 너무 많은 시간을 스트레스 해소를 위해 낭비하지는 않았으면 한다. 걱정을 할 시간에, 불안해할 시간에 우리는 열심히 공부를 해야 한다. 그래야 성적이 오르게 되고, 그래야 본질적인 학업 스트레스는 사라지게 될 것이다.

마지막으로 공부를 하지 않으면서도 고3이란 이유만으로 힘들다고 하는 학생에게는 한 만점자의 독설을 전할까 한다. "스스로가 너무 힘들다고 생각하지 않았으면 좋겠어요. 사회에서 수험생들은 힘들다고 거의 정의를 내려놓고 있잖아요. 그래서 힘들지 않아도 될 거를 힘들다고 생각하면서 괜히 더 지쳐가는 거 같거든요. 잘 생각해보면 '실제로 내가 공부를 그렇게까지 힘들게 하고 있냐?' 하면 아마도 대부분은 아니거든요. 사실, 그렇게 힘들지 않는데 즐겁게 생활할 수 있는 1년인데도 불구하고, 고3은 힘들다는 어떤 자기암시에 사로잡혀서 고3의 인생이 우울해지는 거 같아요. 그런 생각에서 벗어나서 즐겁게 학창 시절을 보냈으면 좋겠어요."

포기하고 싶을 때 기억해야 할 것

만점자 중에 매일 똑같은 일상의 반복으로 인한 슬럼프와 지나친 입시 경쟁으로 인한 스트레스 말고, 누가 봐도 포기할 수밖에 없는 역경을 극복한 학생도 있을지 궁금했다. 그런 친구들의 이야기는 많은 학생들에게 '나도 할 수 있다'는 희망을 줄 수 있기 때문이다. 이미 공인회계사에도 합격한 김승덕 학생은 힘든 가정환경 속에서도 수능 만점을 받은 학생이었다.

"아버지 사업이 IMF 때 큰 타격을 맞아서 집안이 좀 어려운 편이었어요. 그래서 초등학교 때까지 진짜 조그만 방 하나에서 셋이 살았거든요. 고등학교 때도 되게 어려웠는데, 아마 제가 상산고에서 성적 우수 전액 장학금을 받지 못했으면 중간에 학교를 나왔어야 했을 거예요. 매점에서 1,000원짜리 커피 하나 사 먹는 것도 부담스러웠던 적도 있고, 사교육도 한 번도 받아본 적이 없어요.

하지만 저는 전교 1등을 하고 수능도 만점을 받을 수 있었어요. 기본적인 내용은 학교에서 배우고, 부족한 부분은 해설이 잘 되어 있는 문제집을 사서 풀고 했었거든요. 수능 전날 밑줄 안 쳐진 데가 없는 국사 책을 다시 봤는데, 정말 모르는 게 없는 거예요. 보면서 '아, 이 정도면 됐다. 나보다 독한 놈이 있을까?' 이런 생각이 들더라고요.

그때마다 가족을 위해 힘들게 산 어머니에게 항상 보답해야 된다는 생각 때문에 흔들리지 않고 버틸 수 있었던 거 같아요. 이런 환경은 개인에 따라서 생각하기 나름인 거 같아요. '내가 왜 이런 환경에 있지?'라고 불평할 수도 있지만 그런 환경에서도 성공하는 친구들이 있고, 반드시 잘사는 친구들, 사교육에 의존하는 친구들

1등에게는 위기를 돌파할 습관이 있다 [습관편]

이라고 해서 그 사람들의 성적이 꼭 좋은 것도 아니에요.

제가 과외를 하면서도 정말 학원, 과외 포함해서 열 몇 개씩 다니는 친구들도 봤는데, 열 몇 개씩 다닌다고 해서 성적이 절대적으로 좋은 건 절대 아니었어요. 그건 정말 자기가 하기 나름이라고 생각을 하고, 정말 책을 살 돈만 있으면, 펜을 사서, 공책을 사서 공부할 정도의 형편이 된다면 그 외에는 부수적인 것이라고 저는 생각을 합니다.

제 인생에서 가장 치열했던 시간이 그때였고, 앞으로도 그런 시간은 없을 거 같아요. 물론 사교육을 받으면 도움이 되겠죠. 하지만 그 전에 자신이 할 수 있는 학교 수업부터, 당장 할 수 있는 문제집을 푸는 것부터 시작하면 어떨까요? 그것만으로도 충분히 어느 정도의 성적은 받을 수 있다고 생각합니다.

결국 가장 중요한 건 스스로 공부하는 태도이니까요. 사교육을 받느냐, 받지 않느냐보다 중요한 거는, 어떤 환경이 주어지든 주어진 환경에서 최선을 다하는 태도라고 생각합니다."

고나영 학생은 중학생 때 차상위계층의 핸디캡을 새벽 5시로 극복한 학생이었다. "저는 차상위계층일 정도로 집안 형편이 좋지 않은 편이어서 좋은 고등학교를 가는 것은 거의 불가능했었는데, 국가장학금과 삼성재단의 장학금을 받으면서 자사고 중 하나인 상산고를 잘 다닐 수 있었어요.

아무래도 사교육도 받기 힘든 환경이었는데, 상산고의 학교 수준이 높다 보니 웬만한 사교육보다 좋은 퀄리티의 교육이 보장되더라고요. 그래서 학교 수업 외에 대부분 혼자서 공부하거나, 부족한 부분은 인강만 들으면서 했는데도 충분히 수능 만점을 받을 수 있었던 거 같아요. 어떻게 보면 정말 운이 좋았던 거지만, 저 나름대로의 도전과 노력은 있었죠. 제가 살면서 제일 열심히 공부했던 시간이 중학교 2학년 때인데,

제가 자사고 준비를 일찍 한 게 아니어서 노력으로 해결하고자, 그 조그만 애가 주말 새벽 5시에 일어나서 도서관을 다녔었거든요. 제일 좋은 자리, 제일 편한 자리에 앉기 위해서요. 중학교 2학년 학생이 길거리에서 버리는 시간도 아까워서, 책을 한 자라도 더 읽어보기 위해서, 5시에 스스로 일어나서. '엄마, 도서관에 좀 데려다 줘.' 해서 엄마를 깨워서 차를 타고 도서관까지 늘 갔었거든요. 그렇게 새벽 5시쯤 가서 밤 11시에 집에 오기까지 하루 종일 공부만 했던 거죠. 제가 어려운 환경에서 좋은 대학에 왔다고 해서 '집안 환경이 어려운 사람 누구나 공부를 잘할 수 있다.'는 말은 쉽게 하지 못할 거 같아요. 경제적 상황이 안 좋으면 확실히 다른 친구들에 비해서 불리한 건 사실이거든요. 다만, 마음만 먹으면 동기부여는 더 될 수도 있다는 거죠. 한계는 있지만 극복은 가능한 거니까요."

서울대 ○○학부 ○○○ 학생은 입시 시절에 부모님이 이혼을 했

1등에게는 위기를 돌파할 습관이 있다 [습관편]

지만, 그럼에도 불구하고 마음을 단단히 잡으면서 재수를 해 수능 만점을 받은 학생이었다.

"고3 현역과 재수할 때 가정사 때문에 힘들었었죠. 고3 때 부모님이 이혼을 할 거 같은 분위기가 시작되더니, 재수 때 이혼 소송을 하시고 제가 대학에 들어갈 때쯤 이혼을 하셨거든요. '왜 하필 지금 이 시기에 이혼하는 건가, 내가 대학 간 다음에 해도 되는 거 아닌가?'라는 생각을 할 수도 있지만, 그렇게 생각하지는 않았어요. 우리 부모님들도 각자의 삶이 있는 거고, 지금까지 같이 지내신 것도 저 때문에 억지로 지내신 것일 테니까요. 그냥 나중에 이혼 핑계를 대는 게 싫어서 더 열심히 했던 거 같아요. 지금 여기서 이거 때문에 끝나버리면, 결국 이도 저도 아닌 게 돼 버리잖아요. 그래서 그 시절에는 공부를 하면서, 오히려 그 상황에 대해서 많이 신경 안 쓰려고 했던 거 같아요. 그런 걸로 '내가 안 됐다'고 핑계 대기 시작하면 끝도 없는 거잖아요."

서울대 어떤 학생의 어머니는 정신병을 앓고 있었다. 하지만, 그는 수능 만점을 받았다. "집이 부유한 편이 아니라서 초등학교 때 엄마가 학교 앞에서 식당 아르바이트를 하셨는데 제가 스트레스를 많이 받았어요. 어린 애들은 그런 모습을 보여주기 싫어하잖아요. 그런데 그때는 그걸로 상처받고 끝인 거예요. 그 순간은 열 받지만, 그렇다고 뭘 하지는 않았어요.

그러다가 중학교 2학년 때 아빠가 돈 때문에 문제가 있었는데 엄마가 자살 기도를 했어요. 엄마가 일상생활에는 지장이 없는 병이었지만 정신분열증을 앓고 있었거든요. 엄마가 평소에도 수면제 알약을 많이 먹었었는데, 스트레스를 받아서 수면제 알약을 엄청 많이 사와서 '이따가 이거 다 먹고 죽어버릴 거야.' 그러는 거예요. 수면제 알약을 한 번에 많이 먹으면 죽잖아요. 그래서 제가 그걸 뺏었어요. 뺏어서 버려야 되는데 귀찮으니까 그냥 제 방 서랍에 넣어뒀어요. 그런데 엄마가 제가 학교 간 사이에 청소를 하다가 그걸 찾아서 즉흥적으로 먹은 거예요. 다행이 자살 기도는 실패를 했는데 그게 저한테 엄청 크게 다가왔어요. 내가 뭔가 적극적으로, 능동적으로 아무것도 안 하게 된 것이 엄마한테 기회를 주게 된 거잖아요. 그때부터 제가 많이 바뀌었어요. 이렇게 사건이 있을 때, 바로 뭔가를 해야 되는 걸 엄청 크게 느꼈어요. 그래서 중학교 때 철이 좀 들고 공부를 열심히 하게 된 거 같아요. 그때부터 '공부가 답이구나.'라고 생각했던 거 같아요. 지금 제 꿈은 의과학자가 되어서 엄마 병을 고쳐주는 거예요."

위 4명의 사례는 누군가에게는 '내가 그래서 공부를 못했다.'는 이유를 충분히 달 수 있는 사유인데, 당사자에게는 '내가 그래서 반드시 공부를 잘해야겠다.'는 이유가 되었다.

누구나 살면서 힘든 일을 많이 겪는다. 그 과정에서 깨달아야 하는 것은 내가 아무리 힘든 일을 겪었다고 해도, 사람들의 힘든 일에 함부로 경중을 따지지 말자는 것이다. 각자에게 닥친 힘듦은 그 높낮이가 다를지언정 그 당사자에게는 가장 큰 힘듦이기 때문이다.

하지만 살면서 한 가지 더 알게 된 건 힘듦에 상대성을 따지면 안 되지만, 그럼에도 절대적인 힘듦의 차이 또한 있다는 것이다. 누군가에게 말 못할 힘듦이 있는가? 너무나도 힘든 고난을 겪었는가? 그 고난 또한 넘어서야 할 책임이 당신에겐 있다. 당신의 인생이기 때문이다.

공부력을 완성시키는
'습관의 힘'

1. 공부 습관을 완성하는 4가지 요소

- 밤샘은 금물, 나에게 맞는 '6시간 수면 패턴'을 찾아라!

- 생체 리듬에 맞춰 집중력을 높이는 절대 시간을 파악하라!

- 나를 유혹하는 'SNS'를 차단하라!

- 공부의 흐름을 망치는 '스트레스'를 관리하라!

2. 공부력을 높여주는 스트레스 멘탈 관리법

- 옆자리 친구가 아닌 '나 자신' '내 목표'를 경쟁자로 삼아라.

- 슬럼프에서 빠져나올 수 있도록 하루 일탈의 시간을 선물하라.

- 목표를 이루고 꿈꾸던 삶에 가까워진 '미래의 나'를 상상하라.

- 나보다 높은 등수의 경쟁자를 만들지 마라.

공부 '맥락'과
'디테일'이
차이를 만든다

PART
2

[실전편]

실전에서
무조건 통한다!

"미국 제34대 대통령, 아이젠하워의 유명한 명언이 있어요. '전장에서 계획은 아무 쓸모가 없지만, 계획을 세우는 과정은 무엇보다 중요하다.' 자기가 뭘 할지 계획표에 써보는 것만으로도 머릿속으로 한 차례 예습하는 거예요. 물론 계획표대로 하지 못할 때도 있겠죠. 일단 최선을 다해보고 그래도 안 되면 그때는 인정하고 받아들이면 돼요. 중요한 건 못 지키더라도 매일 계획을 세우는 그 행위 자체인 거죠."

상위 0.001%들도 교과서만 공부하지 않는다

수능 시험 결과가 발표된 후 만점자 인터뷰를 보면 유행어처럼 "교과서만 보고 공부했어요."라는 말을 듣게 된다. 과연 이 말이 사실일까? 물론 누구라도 이 말을 교과서 외에 문제집이나 기출문제조차 풀지 않았다고 이해하지는 않을 것이다. 이 말은 '사교육의 도움을 받지 않고서 만점을 받을 수 있었다.'라고 이해하는 것이 맞다. 그런데 실제로 그것이 가능할까?

결론부터 말하자면 불가능하다. 이 책에 나오는 만점자들 역시 적절한 수준의 사교육을 받았고, 때로는 더 적극적으로 활용하기도 했다. 그렇다면 만점자들이 필요하다고 생각하는 사교육은 어디까지일까? 또 해마다 등장하는 "교과서만 보고 공부했어요."라는 말을 그들은 어떻게 받아들일까? 만점자들은 이 질문에 이렇게 답한다.

"수능 시험은 교과서만으로 대비할 수 없어요. 필요하다면 사교육을 받아야죠."

"지금 추세로 봤을 때, 사교육 없이 수능 만점은 힘들어요."

"저는 그게 가능한 일인지 잘 모르겠어요. 그 말을 믿어본 적은 단 한 번도 없어요."

"사교육 없이는 한계가 있을 수밖에 없어요. 상대평가니까요."

"어떻게 그런 얘기를 해요? 그건 말이 안 되죠."

한 만점자는 자신이 인터뷰할 때 기자에게 "교과서만 봤어요."라는 말을 강요받았다고 고백했다. "저는 언론에서 이 말을 강요받았어요. 그분들이 이 말을 해주길 은근히 기대하더라고요. 그런데 시중에 좋은 문제집이나 좋은 사설 인터넷 강의가 너무 많잖아요. 이런 사교육을 받고 안 받고의 차이가 입시에서 또 다른 격차를 만들어내고요. 교과서만 봤다는 말은 그저 '개천에서 용 난다.'

라는 말을 믿고 싶어 하는 우리 사회의 이상적 자기 합리화가 아닌가 싶어요."

　우리나라 사교육 열풍의 현실은 서울의 대치동만 가 봐도 잘 알 수 있다. 학원 한 곳 다니지 않는 학생이 없고 가정의 가장 큰 지출 중 하나도 사교육비다. 그런데 왜 우리는 사교육 없이도 공부를 잘 할 수 있다고 믿고 싶어 하는 걸까? 추측컨대, 사교육을 받는다는 것은 곧 부모의 경제력을 의미하고, 그 부가 대물림되어 자녀들의 대학까지 결정한다는 것을 부정하고 싶은 마음 때문일 것이다.

만점자들의 월 평균 사교육비

사교육비 수준	비율
0~50만 원	50%
50~100만 원	23.3%
100~300만 원	26.7%

　하지만 바람과 달리 수많은 학생이 사교육을 받는 현실은 더 이상 부정할 수 없고, 만점자들 역시 사교육의 필요성에 대해 지적했다. 실제로 사교육을 받은 만점자들의 한 달 평균 교육비는 72만 9,000원이었고, 1.86개의 학원에 다닌 것으로 파악됐다. 정말 드물게 학원을 단 한 곳도 다니지 않은 학생이 한두 명 있었지만 많으면 학원 6곳을 다니는 학생도 있었다. 심지어 한 달 학원비로

공부 '맥락'과 '디테일'이 차이를 만든다 [실전편]

200~300만 원을 지출한 학생도 있었다.

이는 옳고 그름을 떠나 사교육이 수능 대비에 큰 영향을 미치고 있음을 시사한다. 학생들이 이렇게까지 할 수밖에 없는 결정적인 이유는 교과서만으로 수능을 대비하기에 부족해서다. 내신 같은 경우는 오히려 학교 수업과 교과서에 집중하는 것이 좋다. 학교 선생님이 교과서 범위 안에서 문제를 출제하기 때문이다. 그래서 사교육을 받지 않아도 개인이 노력하면 충분히 따라갈 수 있다.

그러나 수능의 경우는 다르다. 교과서가 개념 공부에 도움이 될 수는 있으나, 수능은 다양한 유형의 문제 분석과 풀이 경험 역시 뒷받침되어야 하기 때문에, 교과서만으로는 부족하다. 교과서는 당연히 봐야 하고, +a가 필요한 셈이다. 또 수능은 한정된 시간에 방대한 양의 공부를 해야 하기 때문에 개념 이해나 문제 풀이를 빠른 시간 안에 습득할수록 유리하다. 그런 차원에서 사교육은 학생들에게 효율적인 공부 방법을 제공한다.

최규원 학생은 특히 수학 같은 과목의 경우 사교육이 꼭 필요하다고 말한다. "혼자서 수학 문제를 풀고 이게 왜 틀렸을까 고민하는 것도 중요하지만 혼자 힘으로 해결하기 힘든 문제들이 있거든요. 그럴 때 사교육의 도움을 받는 거죠. 1단계 스텝 업을 하는 데 효과적이니까요." 문제를 풀다가 막히면 혼자서 끙끙 앓는 것보다 뛰어난 선생님의 수업을 듣고 빨리 이해하는 것이 효과적이다. 그러면 에너지는 덜 쓰면서 어려운 개념을 좀 더 쉽게 받아들일 수 있기 때문이다.

"선생님들께는 죄송한 얘기인데, 학교 수업은 구조적으로 수능 공부에 큰 도움이 되질 않아요. 학교 선생님은 수업 외에도 행정 업무가 많아서 다양한 유형의 문제를 분석하고 연구개발할 시간이 물리적으로 부족하잖아요. 가장 잘 알고 있는 사람은 사실 사교육 업체예요. 더 쉽게 이해하고 더 빨리 푸는 방법을 계속 연구하니까요. 그런 면에서 학교와 학원을 비교할 수 없다는 거고요. 저도 고2 때까지는 학교 공부에 집중했는데, 고2 방학 때 딱 1주일 인강을 들으면서 생각이 완전히 바뀌었어요. 학원 강사는 이렇게 쉽게 가르치는데 학교 선생님은 왜 그렇게 힘들게 가르치신 걸까 싶었죠. 수능은 학교 수업만으로는 안 돼요. 필요하다면 사교육 도움을 받으세요. 자기가 의지를 갖고 덤비면 사교육만 한 매체가 없어요. 시장을 점령한 일타 강사를 공교육이 뛰어넘기는 어려워요."

익명의 한 만점자도 다음과 같은 이야기를 남겼다. "제가 사교육의 필요성을 절감한 적이 있어요. 고3, 4월 모의고사 때부터 화학1 과목에 계산형 문제가 추가되었거든요? 시험 2주 전에 그 문제를 하나 푸는 데 20분이 걸리는 거예요. 마지막 2문제가 어렵게 나오는데 1문제당 20분이면 40분이 걸리는 거잖아요. 시험 시간은 총 30분인데 큰일이었죠. 그때 서울의 대치동에서 제일 유명한 강

공부 '맥락'과 '디테일'이 차이를 만든다 [실전편]

사의 인강을 들었어요. 그런데 모든 문제가 다 풀리더라고요. 정말 인정하기 싫은데 이해가 너무 잘되는 거예요. 과학탐구 영역의 과목들은 속도전이라서 빨리 푸는 노하우가 필요한데, 그걸 고등학교 3년 동안 통달하기란 힘들어요. 저도 못해서 결국 사교육의 도움을 받았던 거고요."

이뿐만 아니라 사교육은 좋은 교육 자료를 구할 수 있는 통로가 되기도 한다. "강의 품질이야 강사마다 다르겠지만, 자료만큼은 진짜 사교육을 따라갈 수 없는 게 사실이에요."라며 심지환 학생이 슬쩍 귀띔해주었다. 이 말은 교과서나 지난해 기출문제, 다양한 문제집의 문제 외에 수능 대비에 필요한 새로운 유형의 문제를 사교육을 통해 구할 수 있다는 뜻이다. 학생 개인이 구할 수 있는 문제는 한계가 있으니, 학생들 입장에서야 수능을 대비해 전문적으로 연구개발하는 사교육 업체의 문제를 한 번쯤은 경험해보고 싶지 않겠나.

또한 가성비가 높고 접근성이 좋아졌다는 것도 거부감 없이 사교육을 받게 되는 이유 중 하나다. 요즘은 현장 수업이 아니더라도 인터넷으로 얼마든지 똑같은 강의를 들을 수 있으니, 마음만 먹으면 사교육을 받는 것이 어렵지 않아졌다. 최동욱 학생도 사교육의 하나로 인강을 추천했다. "인강은 금전적인 부담을 크게 느낄 필요가 없어요. 반복해서 계속 들을 수도 있고요." 이처럼 접근성이 좋아진 덕분에 자기 의지만 있으면 부담스럽지 않은 가격으로 충분히 질 좋은 사교육을 받을 수 있다. 그러니 학교 정규 수업이 채우지 못하는 부분을 사교육으로 보충하려는 것은 어찌 보면 당연한 결과다.

물론 그렇다고 해서 사교육에만 치중하라는 것은 아니다. 김동만 학생은 사교육도 중요하지만 결국 공부는 자기 의지라고 덧붙였다. "공부는 어차피 스스로 하는 거예요. 사교육을 받느냐, 안 받느냐보다 더 중요한 것은 얼마나 자기주도적으로 공부하는가, 이거죠."

사교육도 결국 자기 것으로 만들겠다는 노력과 의지 없이는 일방적으로 정보를 받아들이는 주입식 교육에 지나지 않는다. 따라서 자기주도 학습을 기본으로 하되, 그중 부족한 부분을 채우는 데 사교육의 도움을 받는 것이 적당하다. 너무 맹신하면 오히려 독이 될 뿐이라고 정현오 학생은 지적한다. "제가 고등학생일 때 생각해 보면 학원을 많이 다닌다고 더 잘하지는 않았어요. 제 주변 친구들 모두 수학학원 한 곳 정도밖에 안 다녔거든요. 그런데 모두 좋은 대학교에 들어갔어요. 사교육보다는 자기 의지가 더 중요한 것 같아요."

지나친 사교육으로 새로운 정보만 받아들이다 보면 그것을 스스로 이해하고 자기 것으로 만드는 데 필요한 시간을 빼앗겨 오히려 방해가 될 수 있다는 의미다. 따라서 사교육을 통해 얻은 정보를

공부 '맥락'과 '디테일'이 차이를 만든다 [실전편]

자신이 얼마만큼 받아들일 준비가 되었는지 먼저 살피는 것이 좋다. 수많은 학원과 유명한 강사의 인강만 무턱대고 늘릴 것이 아니라 우선은 쉽게 구할 수 있는 기출문제나 EBS 교재부터 분석해보는 것이다. 그러고 나서 자신의 부족한 부분을 채우기 위해서나 변형된 사설 문제가 좀 더 필요하다고 판단될 때 학원의 도움을 받아도 늦지 않다. 그래야 진짜 내 공부를 할 수 있고 성적도 오른다.

하형철 학생은 그런 점에서 사교육의 한계를 명확히 알고 있었다. "스스로 교과서를 이해하고, 뭐가 중요한지를 판단하고, 문제를 분석하고…. 이런 수고로움을 사교육이 대신 해주니 그런 점은 좋죠. 중하위권이나 중상위권에 있는 친구들을 상위권으로 올려주는 데는 도움이 되는 거 같아요. 하지만 최상위권에 도달하려면 결국 자기 노력이 필요해요."

학생들의 의견을 종합해봤을 때, 결국 사교육의 유익한 점들을 자신에게 맞게 잘 활용해야 사교육에 대한 부정적인 시각도 바뀌는 것이 아닐까 싶다.

선행학습은 선택이 아닌 필수다

대한민국 학생들이 가장 많은 스트레스를 받는 일 중 하나는 선행학습일 것이다. 안타깝지만 현행 입시에서 선행학습은 이제 선택이 아닌 필수의 영역이다. 서장원 학생의 경우가 선행학습이 왜 필수인지 그 현실을 여실히 보여준다. "중학교 때 수학경시대회에 참가하기 전에 수학 심화반에 뽑혔어요. 그때 선생님이 그 반 학생들에게 선행학습을 얼마나 했는지 물어봤거든요. 저는 1년 정도 먼저 진도를 나갔는데, 알고 보니 제가 제일 적게 했더라고요. 그게 지금까지 기억에 남아요." 요즘 좋은 성적을 유지하는 중고등학생들을 보면 선행학습을 안 하는 경우가 거의 없다. 만점자들도 단 한 명을 제외하고 모든 학생이 선행학습을 했으며, 또 하는 것이 좋다고 말한다.

표면적인 이유는 학교 수업 때 교과 내용을 잘 이해하기 위해서라고 하지만 냉정하게 말하면 뒤처지지 않기 위해서다. 특히 수학이나 과학이 선행학습을 하는 경우가 많은데, 고나영 학생도 이미 중학교 때 고등학교 문과 수학을 모두 한 번씩 보고 들어갔다. "학교에서 수업 시간에 가르쳐주는 걸로만 고득점을 받기는 어려워요. 다들 선행학습을 해왔기 때문에 저도 하지 않으면 수업 진도 자체를 따라가기 힘들거든요. 또한 선행학습을 했기 때문에 수업 진도를 따라가면서 제가 부족한 부분을 더 공부할 수 있었고, 다른 친구들이 개념을 배울 동안 저는 응용문제나 어려운 문제를 풀었기 때문에 수능 만점을 받을 수 있었다고 생각해요."

공부 '맥락'과 '디테일'이 차이를 만든다 [실전편]

이과는 문과보다 이런 현상이 더 극심했다. 김효민 학생은 선행학습 없이 고등학교 이과 수학을 공부하는 게 가능한가 싶을 정도였다고 고백했다. "제가 고2 때 처음 고3 수학을 접했는데 너무 어려운 거예요. 용어도 제대로 모르겠더라고요. 그래서 충격을 먹었죠."

만약 선행학습이 없었다면 이 학생이 수업을 따라갈 수 있었을까? 선행학습을 너무 부정적으로 생각할 필요는 없다. 지나치지만 않다면 학교 정규 수업을 따라가는 데 더 도움이 되기 때문이다. 김승덕 학생은 "선행학습은 무조건 필요하죠. 내용을 알고 수업을 듣는 거랑 모르고 듣는 거랑 다르잖아요."라고 말했다.

자, 선행학습이 반드시 필요하다는 것은 만점자들의 이야기를 통해 충분히 납득했다. 그렇다면 선행학습의 적정 기간은 어느 정도일까? 한 만점자는 "전 중학교 때 고등학교 과정을 다 배웠고 수능 공부는 이미 고등학교 1학년 때 끝냈어요. 그래서 '고2, 고3 때 뭘 공부하지?'가 진짜 고민이었어요."라고 고백했다. 과연 이렇게까지 일찍 선행학습을 해야 하는 것일까?

이 질문에 최규원 학생은 "선행학습은 필요하지만 1년이면 충분하다."라고 답했다. 실제 만점자 중 66.7%가 6개월에서 1년 정도 선행학습을 했고, 그 정도 기간이 가장 적합하다면서 그 이상을 하면 부작용이 발생할 수 있다고 말했다. 무리한 선행학습이 오히려 부담으로 작용해 역효과를 불러일으킬 수 있다는 것이다. 하형철

만점자 선행학습 기간

선행학습 기간	비율
6개월~1년	66.7%
2년	13.3%
3년	16.7%
기억 안 난다	3.3%

학생은 "중3 때부터 고2 과정을 미리 공부하면 오히려 역효과가 날 수도 있어요. 습득하는 데 수준 차이가 나기 때문에 고2 때 편안하게 받아들일 수 있는 걸, 중3 때는 온갖 스트레스를 받으면서 해야 하니까요. 사실 수포자가 많이 생겨나는 이유도 그런 요인이 있는 거 같아요."라며 지나친 선행학습의 부작용을 우려했다. 선행학습의 긍정적 효과를 제대로 누리고 싶다면, 한 학기나 1년 정도가 가장 적당하다는 걸 다시 한 번 명심해야 한다.

적정 기간을 지킨다고 가정하고, 선행학습을 효과적으로 할 수 있는 방법이 있을까? 선행학습이란 말 그대로 새로운 영역을 미리 공부하는 것이기 때문에 혼자서 하면 이해하지 못하는 부분이 생길 수 있다. 이때는 앞서 말한 사교육에 기대거나 학원에 간다거나 인강의 도움을 받으면 더 효과적으로 공부할 수 있다. 이충영 학생은 사교육 없이 혼자서 선행학습을 한 경우였지만, 오히려 독학을 반대

공부 '맥락'과 '디테일'이 차이를 만든다 [실전편]

하는 입장이었다. "선행학습은 혼자 하는 게 좋지 않아요. 잘 이해되지 않거든요. 이해하면서 공부하는 게 아니기 때문에 결국에는 그냥 외우게 되는데, 이게 좀 위험한 방법인 거죠. 선행학습에서 중요한 건 개념을 제대로 이해하는 거니까요. 그래서 개념과 원리를 잘 가르칠 수 있는 선생님과 함께 공부하는 것을 추천해요."

그렇다면 선행학습을 할 때 주의사항은 무엇이 있을까? 가장 명심해야 할 것은 선행학습을 하는 목적을 잊지 않는 것이다. 선행학습은 본 수업을 더 잘 이해하기 위해서 하는 거지, 미리 공부했다고 본 수업 때는 놀아도 된다는 의미가 아니라는 점을 유념해야 한다. 우리는 한 번 배운 내용을 다시 볼 때 지겨워하거나 이를 가볍게 여기는 경향이 있는데, 이럴 경우 선행학습을 안 하느니만 못하다. 윤도현 학생 역시 이 점을 조심해야 한다고 강조한다.

"수학은 항상 1학기 정도 선행학습을 했어요. 이때 제가 가장 중요하게 여겼던 건 선행학습을 하고 난 다음에도 학교 수업 때 꼭 집중하자는 거였죠." 윤도현 학생처럼 우리가 선행학습을 할 때 가장 중요하게 여겨야 하는 것은 선행학습을 했기 때문에 학교 수업은 안 들어도 괜찮다는 것이 아니라, 선행학습을 했기 덕분에 학교 수업을 더 열심히 듣자는 마음가짐을 갖는 것이다.

130
———

'내가' 해야 '내 것'이 된다

내신이냐 수능이냐, 목적에 따라 공부의 방법이 달라진다. 내신에서 좋은 등급을 받고 싶다면 무조건 학교 수업 시간에 집중하면 된다. 수능에서 좋은 성적을 받고 싶다면 일타 강사의 수업을 참고할 수 있다. 하지만 학교, 학원보다 더 중요한 것이 있다. 바로 자기주도성이다.

서장원 학생은 학습의 어원을 통해 자기주도 학습의 중요성을 설명한다. "학습(學習)이란 말은 배울 학(學)이랑 익힐 습(習)이 합쳐진 거잖아요. 학(學)은 강의를 듣거나, 책을 읽는 등 외부에서 새로운 내용을 배우는 것이고, 습(習)은 그 배운 내용을 내 것으로 만드는 과정이라고 생각하거든요. 학(學)은 학교나 학원에서 도와줄 수 있지만, 습(習)이라는 건 나 자신만이 할 수 있는 것이기 때문에 훨씬 어려운 거 같아요." 변유선 학생 역시 자기주도 학습의 중요성에 대해 이렇게 말한다. "자기주도 학습은 선택의 문제가 아니에요. 그 자체가 공부의 전부라 할 정도로 중요하거든요."

학교, 학원, 자습(자기주도 학습) 중 가장 중요한 것이 무엇이냐는 물음에 만점자들은 1순위로 자습을 꼽았다. 단 한 명을 제외하고 말이다. 이들은 왜 자습이 가장 중요하다고 말했을까.

자습, 즉 배운 것을 반복하여 혼자 힘으로 제대로 이해하는 시간

공부 '맥락'과 '디테일'이 차이를 만든다 [실전편]

만점자들의 자습, 학교, 학원 비중　　　가산점 부여 (1순위 2점, 2순위 1점, 3순위 0점)

만점자들의 공부	비율
자습	65.6%
학교	20%
학원	14.4%

이 없으면 학교 수업, 학원 수업이 무용지물이기 때문이다. 이승규 학생은 자기주도 학습이 공부에서 80%는 차지한다고 단언한다. "학교에서든 학원에서든 뭔가를 배울 때 다른 사람에게 일방적으로 지식을 전달받잖아요. 이때 전달받은 지식을 자기 것으로 만드는 과정인 자습이 없다면 지식을 전달받는 행위 자체가 필요 없는 거죠. 스스로 학습하여 지식을 자기 것으로 만들 때 그것이야말로 진짜 공부를 했다고 할 수 있죠." 김동만 학생 역시 스스로 공부한 시간이 없으면 공부했다고 말할 수 없는 것이라 강조했다.

하형철 학생은 자습 과정이 부족해서 성적이 저조한 적이 있었다고 자기 경험을 털어놓았다. "솔직히 자습이 공부의 90%를 차지해요. 고등학교 2학년 때까지는 수업을 듣고 이해가 되면 '아, 이제 다 알겠네.'라고 생각했어요. 그런데 그 후에 자습을 하지 않으니까 이해했던 내용을 금세 까먹게 되고 결국 성적이 떨어졌죠."

수업 내용을 이해하는 것은 중요하지만 그것이 공부의 전부는 아니다. 수업을 듣고 '아, 그렇구나!' 이해했다고 해서 공부를 다 했다고 착각하면 안 된다. 복습을 통해 체화하지 않으면 금세 아무것도 기억나지 않게 되기 때문이다. 수업은 보조로 쓰고, 자습이 주가 되어야 결국 시험도 잘 볼 수 있다. 아무리 훌륭한 사교육도 자습이 없다면 소용없다. 학원에서 수업을 듣는 건 자신이 한 공부가 아니라는 사실을 명심해야 한다.

또 자기주도 학습이 중요한 까닭은 자신에게 맞는 공부를 할 수 있기 때문이다. 학업의 수준이든 공부의 할당량이든 자신에게 적합한 방법을 택했을 때 능률이 오른다. 학교가 아무리 수준별 수업을 한다고 해도, 학원에서 아무리 뛰어난 일타 강사의 수업을 듣는다고 해도 자신에게 딱 맞는 방법을 찾는 데에는 분명 한계가 있다. 이는 오직 자습을 통해 채울 수 있다. 결국 공부를 잘한다, 못한다의 차이는 자기주도 학습의 유무로 결정된다고 해도 과언이 아니다.

고나영 학생도 자기주도 학습의 중요성을 다시 한 번 강조했다. "학교나 학원이라는 교육의 장이 맞춤형 교육을 제공하는 게 아니잖아요. 출발선이 다른 사람들에게 표준화된 교육을 제공하기 때문에, 자기만의 방법으로 수준에 맞게 이해하는 과정이 필요해요. 내가 아는 게 뭔지, 모르는 게 뭔지를 모르는 상태에서는 비효율적으로 공부할 수밖에 없어요. 자습을 통해 내가 아는 것과 모르는

공부 '맥락'과 '디테일'이 차이를 만든다 [실전편]

것을 파악하고, 모르는 것에 더 집중했을 때 효율적으로 공부할 수 있는 것 아닐까요? 그래서 자기주도 학습이 중요한 거 같아요."

자기주도 학습을 통해서 우리는 자기가 무엇이 부족한지, 내가 지금 어느 수준인지, 어떤 공부를 얼마만큼 더 해야 되는지 알아챌 수 있다. 또한 자리에 앉아 있는 시간과 집중력의 한계는 어느 정도인지, 어떻게 해야 더 능률이 오르는지도 알 수 있다. 그 모든 것은 자기주도 학습이 아니면 깨우칠 수가 없다.

정현오 학생은 말한다. "공부 잘하는 학생들은 자기 상태를 정확하게 알아요. 반면 공부를 못하는 학생들은 그냥 남들이 하는 대로 따라 하기만 해요. 자기가 이걸 왜 하고 있는지 잘 모르는 거 같아요. 그냥 남이 하니까, 학원에서 시키니까 하는 거죠. 하지만 1등은 달라요. 공부를 잘하는 친구들을 보면 시간을 허투루 쓰지 않아요. 자신이 잘하는 게 뭔지, 부족한 게 뭔지 정확히 알고 있어서 부족한 부분을 집중적으로 공부하죠. 공부할 때도 우선순위를 정해 두고 하는 거예요. 이건 자기주도 학습을 통해 자기 상태를 정확히 알고 있어서 그런 거예요."

공부를 못하는 학생들은 자신이 왜 공부를 못하는지를 모른다. 남들이 하는 만큼 공부한 것 같은데 점수가 안 나온다고 투정한다. 그런 경우 공부법에 문제가 있을 확률이 높다. 그런데 그 문제에 대해서 생각하지 않고 자기 머리가 나쁘다거나 주어진 상황을

탓해버린다. 하지만 그렇게 남 탓만 하다가는 아무것도 바뀌지 않는다.

김현지 학생은 무작정 학원을 맹신하는 행위를 조심해야 한다고 경고한다. "제일 위험한 태도 중에 하나가 '대치동에 살면서 학원 다니면 뭐라도 되겠지.' 하는 마인드예요. 그러면 절대 안 되거든요. 학원 선생님이 알려주는 문제 풀이도 중요하지만 결국 내가 이걸 어떻게 풀 수 있을까 연구해야 해요. 자기가 뭐가 부족한지는 자기만 아니까요."

공부하다가 모르는 것이 생겨서 타인의 도움을 받는 것은 필요한 일이나, 가만히 앉아서 누군가 떠먹여주는 걸 받아먹기만 하려는 생각은 위험하다. 그렇게 공부하면 하루만 지나도 자신이 뭘 이해했는지조차 잊어버리게 된다.

학원을 맹신하는 것도 문제지만 인강을 보고 공부했다고 위안 삼는 일도 주의해야 한다. 좀 더 쉽게 개념을 이해하고자 인강을 활용하는 것은 좋지만, 인강에 너무 많은 시간을 할애하거나 이 강의를 듣고 공부했다고 착각하는 것은 매우 위험하다. 이 역시 학원이나 학교 수업처럼 일방적으로 정보를 제공받는 것일 뿐이므로 그것을 자기 것으로 만들려면 반드시 자기주도 학습의 과정이 필요하다.

변유선 학생의 주변에는 실제로 인강에 빠진 친구들이 있었다.

"학교 다닐 때 저보다 열심히 공부하는 친구들이 3명 있었는데, 그 친구들은 인강을 진짜 많이 들었어요. 그런데 그만큼 좋은 성적은 나오질 않았죠. 왜 그랬을까요? 인강에서 들었던 수많은 내용을 내 것으로 만드는 자기주도 학습 시간이 부족했기 때문이에요. 개념 이해만 하고 심화 문제는 자기가 직접 풀어봐야 하는데, 강의에만 빠져 있으면 그 과정을 빼먹거나 문제를 풀어볼 시간이 줄어들죠. 그래놓고 불안하니까 무의식중에 선생님이 풀어주는 걸 보면서 자기가 풀었다고 착각해버려요. 인강 듣는 학생들을 보면, 인강을 듣는 시간만큼 마치 자기가 공부했다고 뿌듯해하는데, 그건 공부가 아니에요. 그보다는 자습 시간이 더 많아야죠. 저녁 자습시간이나 혼자 공부가 잘되는 시간에는 절대 인강을 들으면 안 된다고 봐요."

이영래 학생도 인강을 지나치게 많이 듣는 것에 대해 부정적인 입장이다. "아무리 비싼 학원 수업과 인강을 들어도, 자습을 안 하면 무용지물이에요. 인강을 드라마 보듯이 보는 친구가 많아요. 하지만 보기만 하면 그건 정말 텔레비전을 보는 것과 별반 다르지 않아요. 자기 위안일 뿐이죠. 인강을 보고 자기가 공부했다고 착각하면 안 돼요. 그건 강의를 들은 거지, 공부한 건 아니거든요. 그 순간에는 이해했다고 느끼지만, 사실 그건 제대로 이해한 게 아니에요."

자기주도 학습은 학년이 높아질수록 더 중요해진다. 특히 고3이 되고 수능일에 가까워지면 새로운 내용을 더 배운다기보다 지금 껏 배운 내용을 점검하고 모르는 부분을 집중 공략하기 때문에 자 습하는 시간도 더 많아지고 그 행위 자체가 중요하다. 김태현 학생 도 "고3 때 자기주도 학습을 강조하는 이유는 선생님이 뭔가를 더 가르쳐주는 것보다, 이제 내가 아는 내용을 열심히 체화하는 게 더 중요하기 때문이에요."라고 말했다. 학년이 높아질수록 자기주도 학습이 중요하며, 특히 고3은 자기주도 학습이 전부라는 사실을 명 심하자.

그렇다면 이렇게 중요한 자기주도 학습을 좀 더 효과적으로 할 수는 없을까? 최동욱 학생은 자기주도 학습에도 순서가 있다고 지 적한다. "기본기가 부족한 사람들은 인강을 먼저 들으면 좋고요. 어느 정도 개념 이해가 되었다 싶으면 그때부터 자습을 하는 거죠. 튼튼한 건물을 세우고 싶어서 건물 짓는 데 필요한 좋은 재료를 모 았다고 가정해볼게요. 그 재료들을 그냥 두면 그건 쓰레기더미에 불과해요. 좋은 재료를 모았으면 내가 구상한 대로 멋지게 세우는 시간이 필요하죠. 공부도 마찬가지에요. 내게 필요한 지식들을 충 분히 모았으면 그때부턴 그 지식들을 내가 이해할 수 있는 방식으 로 가공하고 내 안에 완전히 녹아들게 만들어야죠. 자습은 바로 그 런 시간이에요. 재료를 모으는 시간과 똑같이, 아니 그 이상으로 중요하고 필요한 과정이죠. 다시 한 번 강조하지만 정보를 습득하

공부 '맥락'과 '디테일'이 차이를 만든다 [실전편]

고 스스로 반복 학습을 안 하면 아무 의미가 없어요. 동영상을 시청한 것이나 다름없어요. 한 번 수업을 들었으면 그다음은 반드시 자습을 통해 반복해야 해요. 그게 진짜 공부니까요."

이처럼 자기주도 학습은 공부의 완성이자 모든 것이다. 끝으로 자기주도 학습의 중요성에 대해 말해준 서울대 경제학부 이경훈 학생의 한마디를 전한다. "자기주도 학습이 얼마나 중요하냐고요? 제일 중요한 건데 얼마나 더 중요하다고 표현해야 대답이 될까요?"

공부의 핵심, 이해력을 만드는 '힘'

학창 시절 항상 궁금했던 것이 있다. 같은 학교, 같은 선생님의 수업을 듣는데 우리의 성적은 왜 다를까. 1등부터 꼴찌까지 나뉜 결정적 까닭이 무엇일까. 노력과 사교육 등 다른 변수도 있겠지만, 그것보다 중요한 나비효과의 시작점은 무엇일까?

그 핵심은 바로 '이해력'에 있다. 이해가 빠른 친구들은 금방 흥미를 느끼고 집중도 더 잘한다. 하지만 처음부터 이해하지 못하는 친구들은 쉽게 포기해버린다. 수포자라는 말이 괜히 나왔겠는가. 바로 이 차이가 성적을 좌우하는 셈이다.

특히 뭔가를 처음 배울 때 어렵게 받아들이느냐, 쉽게 받아들이느냐는 학습에 대한 흥미를 넘어 공부를 얼마나 효율적으로 하는가에 영향을 미친다. 그렇다면 어떻게 해야 이해력을 높일 수 있을까?

가장 좋은 방법은 수업 시간에 완전히 몰입하는 것이다. 학교든 학원이든 수업을 들을 때는 그 시간에 알게 된 것들을 그때 모두 습득하겠다는 마음으로 100% 집중하려 노력해야 한다. 그 첫 단추를 잘 끼우면 다음에 배우게 되는 것도 쉽게 익힐 수 있게 된다. 정현오 학생 역시 처음 배울 때 이해하는 것이 얼마나 중요한지 강조했다. "처음 배울 때 쉽게 이해할수록 유리해요. 제가 수학을 배울 때 학원 선생님이 설명을 잘 해주셨는데, 이해하는 데 도움이 많이 돼서 그다음 수학 공부를 재미있게 할 수 있었거든요."

이때 만약 학교 수업만으로 이해하기가 어렵다면 사교육도 적극 활용해볼 필요가 있다. 최동욱 학생도 이 지점에서 사교육의 필요성을 지적했다. "무조건 혼자서 해결해보겠다고 끙끙대는 건 좋지 않은 방법 같아요. 공부 천재들은 안 풀리는 것도 끝까지 스스로 고민해본다고 하지만 전 그 방법이 꼭 옳다고 말하고 싶진 않아요. 저보다 훨씬 쉽게 설명해주고 간단하게 해결해줄 수 있는 선생님의 도움을 받는 게 문제는 아니잖아요. 오히려 그 도움을 받아서 내가 빨리 이해할 수 있다면, 효율성을 따졌을 때 더 나은 방법인 거죠. 스스로 해보는 건 그다음에 해도 늦지 않아요." 이처럼 내

공부 '맥락'과 '디테일'이 차이를 만든다 [실전편]

머리로 이해가 안 된다면, 나보다 뛰어난 사람이 이해한 방법을 내 것으로 만들어 그걸 바탕으로 공부하면 된다.

수업을 통해 이해력을 높이기가 힘들면 어떤 개념을 이해하는 데 도움이 될 만한 배경지식을 쌓는 것도 방법이다. 고나영 학생은 이 방법을 통해 국어 비문학을 완전 정복했다. "저 같은 경우 국어 비문학 문제를 풀 때 과학 지문이 나왔는데 이해가 안 되면 곧장 과학 선생님께 가서 개념을 설명해달라고 해요. 국어 문제지만 그 지문에 대한 배경지식은 과학 선생님이 훨씬 많이 알고 계실 테니까요." 실제로 만점자 중 대다수가 어떤 문제를 풀다가 어려운 이론이 나오면 인터넷을 활용해 국내외 유튜브 동영상 강의를 참고하거나 국외 논문을 읽어본다고 답했다.

배경지식뿐만 아니라 관련된 예시를 찾아보는 것도 도움이 된다. 원유석 학생이 이 공부 방법의 덕을 톡톡히 보았다. "교과서에 있는 예시만으로 부족한 경우가 많아요. 그럴 땐 인터넷으로 예시를 찾아볼 때가 있어요. 그런데 그게 시험에 나오는 경우가 꽤 있더라고요. 아마 학교 선생님도 교과서 예시만 쓸 수 없어서 그런 것 같아요. 그럼 문제가 너무 쉬워지니까 인터넷이나 기출문제를 참고하는 거죠. 교과서나 기출문제에만 집중하는 학생들이 있는데, 그것도 중요하지만 전 다양한 예시를 보라고 말해주고 싶어요. 예시를 많이 알고 있으면 그만큼 그 이론에 대한 이해가 빨라지거든요."

이렇게 이해하는 데 도움이 될 만한 정보들을 모았다면, 그다음은 그것을 조합해 익히고 고민해본 다음 질문을 하는 것이다. 여기서 핵심은 '고민'과 '질문'이다. 고민을 많이 할수록 아는 것과 모르는 것이 확실하게 구분되고, 질문을 많이 할수록 모르는 것을 해결하는 데 유리하다.

강도희 학생은 그런 고민을 충분히 한 다음 질문을 할 때는 학교 선생님을 많이 찾아갔다고 했다. "학교 선생님들은 그 과목의 전문가잖아요. 그래서 선생님께 진짜 질문을 많이 했어요. 거의 한 시간 동안 질문만 한 날도 있었죠." 스스로 고민해서 문제를 해결하는 것도 좋지만, 만약 혼자 해결할 수 없다면 학교 선생님이든 학원 선생님이든 전문가를 적극적으로 활용해보는 것도 좋다. 이해력은 이런 질문을 바탕으로 더 견고해진다.

물론 무턱대고 질문만 한다고 해서 능사는 아니다. 심지환 학생은 질문하고 난 다음 반드시 분석을 해야 한다고 강조한다. "안 풀리는 문제가 있으면 어떻게 풀 수 있을까 고민하면서 스스로 '왜?'라고 질문했어요. 그래도 해결이 안 되면 선생님께 질문하고요. 풀이 방법을 듣고 나면 왜 이게 정답인지, 어떻게 그런 풀이과정이 나왔는지 분석했죠. 내 풀이 방법과 비교도 해가면서요."

문제 하나에 너무 집착하는 거 아니냐고 생각할 수도 있지만, 해설을 먼저 보고 이해하는 것과 심지환 학생의 공부법은 확실히 다

공부 '맥락'과 '디테일'이 차이를 만든다 [실전편]

르다. 보통 우리는 어려운 문제를 맞닥뜨리면 해설을 먼저 본다. 그러고 나서 '아 그렇구나.' 이해했다고 넘어간다. 하지만 다음 날 같은 문제를 풀면 또 틀린다. 왜 그럴까? 무엇이, 왜 틀렸는지 분석하지 않아서다. 이미 틀린 답을 기억하고 있는 나의 손과 머리를 제대로 납득시키지 못해서다. 오답을 막으려면 내가 나를 이해시켜야 하고, 그러려면 어디서 왜 막혔고 왜 틀렸는지 정확히 파악해야 한다. 정답의 풀이 방법이 어떤 식으로 유도되었는지 스스로 이해해야 한다. 만약 '왜'라고 질문했는데 답하지 못했다면, 그건 틀린 이유를 제대로 분석하지 않은 탓이고 그건 결국 자기 공부를 제대로 하지 못했다는 말과 같다.

이렇게 개념부터 착실하게 이해하는 사람도 있지만, 개념이 대강 이해되었다면 실전 문제 풀이를 통해 감각을 익히고 역으로 이해력을 높이는 사람도 있다. 김효민 학생의 경우가 꼭 그렇다. "'이 문제를 어떻게 풀지?'를 먼저 고민하고, 비슷한 유형의 문제를 많이 풀어보면서 개념을 이해하는 편이에요. 이론을 완벽히 이해해서 문제를 푸는 게 아니라, 역으로 문제를 풀면서 이론을 이해하는 거죠."

개념부터 익히든, 문제 풀이를 통해 익히든 이해력을 높이는 데 중요한 것은 '반복'이다. 무엇이든 한 번에 완벽하게 이해하고 기억하기란 불가능하기 때문에 대강이라도 이해를 했다면, 자꾸 그 내용을 반복해서 보고 익숙하게 만드는 것이 중요하다. 김현지 학생이 여기에 의견을 덧붙였다. "한 번에 이해가 안 된다고 스트레스 받지 않는 게 중요한 거 같아요. 처음부터 완벽하게 이해하려고 하지 말고 좀 어려우면 덮어두고 쉬었다가 다시 한 번 보고, 그렇게 계속 반복해서 읽는 게 좋아요. 그렇게 하다보면 무의식중에 머릿속에서 개념들이 정리가 되거든요."

만약 뭔가를 이해하기 위해 노력했는데, 목표한 만큼 되지 않았다고 낙심하지 마라. 억지로 붙들고 있다고 되는 것이 아니니 그럴 때는 차라리 책을 덮자. 그리고 다음 날, 또 그다음 날 다시 펴서 보자. 아마 어제 보았던 내용이 희미하게라도 남아 오늘 뭔가를 더 이해하는 데 도움이 될 것이다. 그런 식으로 매일매일 조금씩 이해하다 보면 익숙해지고 어느 순간 무릎을 탁 치면서 몰랐던 부분이 이해될지도 모른다.

어쩌면 이해력은 어떻게 해서든 반드시 이해하고야 말겠다는 집요함과 자꾸만 들여다보는 성실함이 만들어내는 것일지도 모른다. 그러니 오늘 내가 이해되는 만큼만 이해하고 넘어가라.

어려운 공식과 단어를 쉽게 암기하는 방법

우리가 뭔가를 이해하기 위해 쓰는 최후의 방법은 '암기'다. 공부를 함에 있어서 이해가 우선이지만, 책에 있는 모든 내용을 이해할 수 있는 것은 아니기 때문이다. 결국, 어떤 개념이나 이론들은 암기를 해야 한다. 강석병 학생 역시 "어려운 이론 같은 게 이해가 안 되면 그냥 다 외웠어요. 외우고 나서 그 내용을 곰곰이 곱씹었어요. 일단 암기하고 나서 계속 생각하면 이해가 되더라고요."라고 했다.

하지만 그 '암기'라고 쉬울까. 어려운 수학 공식이나 도저히 외워지지 않는 영어 단어를 보기라도 하면 머리가 지끈거린다. 이럴 때 만점자들은 어떤 식으로 암기를 할까. 그들만의 독특하고 특별한 암기법이 따로 있진 않을까.

만점자들이 활용했던 암기법으로는 '백지형 암기법'과 '넘버링 암기법'이 있다. 강상훈 학생이나 이동헌 학생은 '백지형 암기법'을 주로 사용했다. 이 방법은 말 그대로 자신이 정리한 노트나 외워야 할 어떤 내용을 안 보고 똑같이 쓸 수 있을 때까지 백지에 반복해서 써보는 것이다.

'넘버링 암기법'은 주로 과학 과목을 공부할 때 많이 쓰는데, 가령 원소 기호를 외울 때 앞 글자만 따서 외우는 방식을 말한다. 많은 양의 전문용어나 단어 조합이 복잡한 것들을 외워야 하는 의예과 같은 경우 넘버링 암기법을 자주 활용한다.

고나영 학생은 한국사를 공부할 때 '스토리 암기법'을 사용했다고 자신의 노하우를 소개했다. "저 같은 경우 한국사를 공부할 때 키워드를 뽑고 거기에 스토리를 만들어서 외웠어요. 가령 목차, 소제목을 쓰고, 그 소제목이 적힌 페이지에 있던 핵심적인 단어들을 몇 개 써놔요. 그리고 그 종이와 교과서를 비교해 보면서 연결어를 제 마음대로 넣어 한 번 외워보는 거예요. 어느 정도 비슷해지면 '아, 이제 이야기처럼 외워졌다.' 하고 넘어가요. 이렇게 하다 보면 나중에는 교과서 없이 키워드만 보고도 줄줄 교과서의 내용을 읊을 수 있게 되죠." 이 방법은 어떤 개념의 전체적인 흐름을 파악하고, 중요한 키워드를 암기한 다음 거기에 살을 붙여 스토리처럼 암기하는 것이다.

이런 방법 외에도 우리가 흔히 쓰는 방법으로 암기한 만점자들도 많았다. 그중 가장 많이 사용하는 암기법이 일단 눈으로 많이 보는 것이다. 강석병 학생이 대표적이다. "반복해서 많이 봤었어요. 영어 지문은 밑줄을 그으면서 보고, 다음 지문을 본 다음에 다시 돌아와서 그 문제를 또 보고요. 계속 반복하다 보면 결국엔 외워지더라고요." 백지형 암기법이 힘들다면 강석병 학생처럼 여러 번 반복해서 보는 것을 추천한다.

눈으로 반복해서 보는 것보다 좀 더 적극적인 방법은 눈으로 본 것을 입으로 반복해서 읽는 것이다. 강도희 학생은 여러 번 읽는 게 최고의 암기라고 말했다. "고등학교 1학년 때 역사책을 10번 정도 읽고 가서 시험을 보니까 다 기억이 나더라고요. 이런 방법은 영어 과목에도 도움이 돼요."

보고, 읽고 외웠다면, 그다음은 손으로 쓰면서 외우는 것이다. 어떤 도구를 길들일 때 많이 써보면 익숙해져서 손이 먼저 저절로 반응한다고 하지 않나. 손으로 써서 암기하는 방식은 바로 그런 것이다. 암기해야 할 대상을 자꾸 써봄으로써 손이 기억하게 만드는 것이다. 하형철 학생이 이 방법을 자주 사용했다. "저는 문서로 정리해서 프린트하여 보는 것보다 제 손으로 직접 써서 외우는 게 더 오래 기억에 남더라고요. 예를 들어 영어 단어를 외워야 한다면 모르는 단어에 다 형광펜을 쳐 놓고 그것들을 공책에 쭉 정리해요. 그리고 직접 쓰면서 외웠어요." 이 방법은 한문이나 영어처럼 단어를 외워야 할 때 효과적이다.

원유석 학생은 그대로 옮겨 적는 '필사'도 좋지만 '필기'도 하나의 방법이라고 설명한다. 특히 필기는 그대로 따라 쓰는 필사와 달리 자신만의 언어로 번역하는 과정이기 때문에 더 오래 기억에 남는다고 덧붙였다. "개념서에 나오는 내용을 전부 다 외울 필요가 없어요. 그리고 순서를 바꾸면 더 잘 외워지는 것들도 있고요. 그런 것들을 판단해서 나만의 개념서 노트를 만들어 내 식대로 필기를 하는 거죠. 그렇게 재조직화하는 과정에서 자기만의 마인드맵이 만들어지는데 그게 암기에 도움이 돼요."

보고, 읽고, 쓰면서 외웠다면 남은 것은 실전에서 직접 활용해보는 것이다. 암기의 완성은 내가 외운 내용을 제대로 이해하고 기억하고 있는지 끊임없이 반복해서 확인해주는 것이다. 개념서를 보면 보통 이론이나 개념을 설명한 다음에 항상 그 개념을 제대로 이해했는지 확인할 수 있는 예시 문제가 나온다. 그 예제를 통해서 개념이나 이론을 어떻게 활용해야 하는지 알 수 있다. 수학도 물리도 실제 문제를 풀 때 공식을 적용해봐야 외운 공식이 더 오래 기억에 남는다. 수많은 이론과 단어도 마찬가지다.

이렇게 내 나름대로 체화하는 과정을 겪었다면 마지막으로 다른 사람에게 그 내용을 가르쳐줌으로써 다시 한 번 내가 정확히 이해하고 외웠는지 확인해보는 것이다. 서준호 학생은 자신이 제대로 외웠는지 점검하려면 자신이 배운 걸 누군가한테 가르쳐주는 방법이 가장 확실하다고 말했다. "내가 알고 있는 걸 남에게 설명하듯이 말할 수 있을 정도가 되거나, 노트북에 글로 써볼 수 있을 정도가 되면 정말 이해한 거고 또 외운 거예요. 설명할 수 있다는 것 자체가 내가 그걸 확실히 알고 있다는 뜻이거든요."

암기 방법에 정답은 없다. 각자 본인에게 잘 맞는 방법을 활용해 공부를 하면 된다. 다만 모든 암기 방법에 기본적으로 전제되어야 하는 조건이 있다. 바로 암기는 이해를 바탕으로 해야 된다는 사실이다. 윤주일 학생은 이해가 먼저 선행돼야 된다고 강조했다. "이해를 하지 않고 암기할 수는 없어요. 그러니까 수학 공식

공부 '맥락'과 '디테일'이 차이를 만든다 [실전편]

을 그대로 외우는 거보다는 이 이론이 어떤 개념에서 도출되었는지 과정을 알아두면 좋아요. 역사 과목 같은 경우 전체적인 맥락을 잡아두면 훨씬 더 암기하기가 쉽고요. 이런 결과가 나올 수밖에 없다는 과정을 이해하게 되면 억지로 외우지 않아도 자연스럽게 알게 되거든요."

김동만 학생은 만점자 중에서 기억력이 가장 뛰어난 학생이었다. "저 같은 경우에는 고등학교 3학년 때 하루를 투자하면 A4 용지 20장 정도의 텍스트는 처음부터 끝까지 토시 하나 안 틀리고 외울 수 있었어요. 물론 제가 완벽하게 이해하고 있는 내용에 한해서 말이죠." 기억력 천재 또한 이해가 되지 않는 부분은 자주 까먹었다고 고백했다. 그렇기 때문에 우리는 무작정 암기를 하기 전에 이해를 먼저 하려고 시도하고 노력해야 한다.

지금까지 말한 암기법에 특별함은 없다. 왜냐하면 암기법에 특별함이 있는 것이 아니라, 평범한 방법을 '계속해서 반복하는 과정'에 특별함이 있기 때문이다. 그들은 효율적으로 공부하기 위해 노력했지만, 그 안에서도 성실함을 잃지 않았다.

특히 암기의 경우 요령을 피우기보다 정공법으로 맞섰다. '많이 보고, 많이 읽고, 많이 쓰고' 안 외워지면 이 과정을 다시 반복하는 게 이들이 말한 만점짜리 암기법의 비결이자 우리와 다른 1등들의 공부법이다. 그들은 암기에 효율이 있다고 생각하지 않았다. 효율은 반복에 있을 뿐이었다.

최동욱 학생도 마찬가지였다. "저는 같은 내용을 네 번 반복해서 봤어요. 고2 때 어떤 영어 단어를 외웠다고 해도, 고2 겨울방학 때, 고3 3월 모의고사 때, 6월 모의고사 때, 9월 모의고사 때 다시 봤어요. 그러면 외워지더라고요. 한번 외웠다고 자만하지 않고 자기를 끊임없이 확인하는 과정이 중요한 것 같아요." 김현지 학생도 국어 문법, 수학 공식, 과탐 개념 등을 한 달에 한 번씩 쭉 다시 읽으면서 이론을 복습했다. "누가 물어보면 자다가도 벌떡 일어나서 바로 답변할 수 있을 정도로 복습을 해야 돼요."

만점자들도 한 번 보면 절대 잊어버리지 않는 기억력의 천재들이 아니었다. 그들도 우리처럼 뒷부분을 보면 앞부분이 기억나지 않았다. 하지만 우리와 달랐던 건, 거기서 멈추지 않고 자꾸 반복해서 봤다는 것이다. 스트레스를 받지 않으려고 노력했고, 관성처럼 계속 반복해 보면서 자신의 암기력을 끊임없이 확인했다. 그 꾸준함이 결국 수능 만점이란 결과로 이어졌고, 우리와 다른 공부 비법이 된 셈이다.

그러니 이 책을 보고 있는 여러분도 한 번에 많은 양을 외우겠다는 욕심보다 적은 양이라도 자주 반복해서 보려는 계획을 세우는 것이 좋다. 가령 한국사 교과서 한 쪽을 암기해야 한다고 하자. 이걸 1시간 동안 공부해서 한 번에 통째로 암기하겠다고 마음먹기보

공부 '맥락'과 '디테일'이 차이를 만든다 [실전편]

다는 지금 10분 보고, 내일 또 10분 보고, 모래도 10분 보면서 암기하겠다고 마음을 고쳐먹는 것이다. 운동도 매일 꾸준히 하면 몸이 단련되듯이 기억력도 꾸준히 단련하다 보면 어느새 교과서를 통째로 외운 자신을 발견하게 될 것이다.

지금 당장 써먹는
만점 암기법

1. 강도희 학생의 넘버링 암기법

>> 각 단어의 앞 글자를 조합해 문장으로 만들어 외우는 방식

(1) 여러 개의 단어를 한 번에 외워야 할 경우

[예시] donepezil, edrophonium, tacrine,

❶ 각 단어의 앞글자만 떼어낸다.

donepezil, **edro**phonium, **tac**rine.

▼

❷ 발음대로 자유롭게 읽어본다.

돈 내(done) 에드로(edro) 탁(tac)

▼

❸ 한 문장으로 만들기 쉽게 변형한다.

에드로(edro) → 애드라 → 얘들아.

▼

❹ 순서를 재조합하여 완성한 후 통째로 외운다.

얘들아(edro), 탁(tac), 돈 내(done)!

(2) 하나의 명사이나 철자가 길거나 조합된 경우

[예시] 개심장사상충 Dirofilaria immitis

❶ 잘 외워지지 않는 철자를 표기한다.

Dirofilaria immitis

▼

❷ 발음대로 읽거나 연상하기 쉬운 의미를 떠올린다.

(immitis는 철자를 분리, 발음+연상법 혼용)

Dirofilaria immitis

디로(Dirofilaria) 나는(im) 미티스(mitis)

▼

❸ 문장으로 만들 수 있게 변형한다.

디로(Dirofilaria) → 드러워

▼

❹ 나만의 문장으로 순서를 재조합한다.

드러워(Diro) 나는(im) 미티스(mitis)

→ 미티스를 강아지라고 가정, 심장 사상충 주사를 맞기 싫어서 하는 말 연상

→ 나는(im) 미티스(mitis)다, (심장 사상충 주사는) 드러워(Diro)!

2. 고나영 학생의 키워드식 스토리 암기

>> 핵심어 사이에 연결어를 넣어 스토리를 통째로 암기하는 방식

〔한국사 노트 정리〕

❶
Ⅰ. 우리 역사의 형성과 고대 국가의 발전

1. 선사 문화와 한민족의 기원

(1) 선사 문화의 발전

· 인류의 출현과 선사 문화의 발전

· 구석기 시대의 생활

· 신석기 시대의 생활

(2) 청동기의 보급과 한민족의 형성

❷
· 청동기의 보급과 사회 변화: 청동기 보급시기, 도구, 벼농사, 농기구, 토기,
  계급형성(고인돌), 거주지,

· 한민족의 형성: 만주 · 한반도 일대, 빗살무늬 토기, 청동기 문화권, 독자적
  문화 성립

---

❶ 목차를 대제목, 중제목, 소제목 순서대로 정리한다.

---

❷ 그 단원의 핵심 키워드를 나열한다.

---

❸ 핵심 키워드를 바탕으로 내용을 유추한다.

---

❹ 이런 방식으로 전체적인 흐름을 파악한다.

'시간'이 아닌 '양'으로 계획하라

공부하는 방식만큼 중요한 것이 공부의 양, 자신이 세운 학업 계획을 달성하는 것이다. 그래서 많은 학생이 스터디 플래너나 학업 계획표 등을 작성해 자신의 공부 계획을 정리한다. 그렇다면, 만점자들은 자신의 학업 계획을 어떻게 정리하고 있었을까? 어떻게 해야 효과적일까?

첫째, 공부 목표와 계획은 시간 단위가 아닌 양 단위로 세운다. 거의 모든 만점자가 한 목소리로 "당연히 얼마만큼 할 것인지 양으로 계획을 잡아야죠."라고 강조했다. 서준호 학생은 "오늘 얼마만큼 공부를 하겠다고 목표를 세울 때, 몇 시간 동안 공부하겠다가 아니라 오늘 몇 단원까지, 몇 문제까지 끝내겠다고 다짐해요. 목표를 시간 단위로 세우면 사람이 늘어지거든요. 그 시간을 버티려고만 하니까요."라고 답한다. 이승규 학생도 "공부는 양 단위로 했지, 시간 단위로는 안 했던 거 같아요. 양 단위가 좀 더 효율성이 있거든요."라고 답했다.

쉽게 말해 오늘 할 공부 목표를 세울 때 5시간 하겠다는 것보다 수학 20문제, 국어 지문 10개를 풀겠다는 계획을 잡는 것이 더 좋다는 것이다. 하루에 5시간 공부하겠다는 시간 단위 목표를 세우면 그 5시간 동안 억지로 앉아 있게 되지만, 수학 20문제를 풀겠다고 양 단위 목표를 세우면 이 문제를 빨리 풀겠다는 목표가 생겨서 집중력이 높아진다. 또한, 시간에 얽매이다 보면 제대로 공부를 했다기보다, 공부하고 있는 자신을 보는 것에서 뿌듯함을 느끼는 부작용이 일어날 수도 있다. 만약 그 시간에 잠깐이라도 다른 생각을 했다면 그건 1시간 동안 공부한 것이 아니기 때문이다. 1시간을 공부하는 것보다 1시간 동안 얼마나 집중했는가, 바로 이 점이 중요하다는 것을 명심해야 한다.

둘째, 장기 계획보다는 단기 계획 위주로 세운다. 우리는 흔히 공부 잘하는 만점자라면 일일 계획표뿐만 아니라 분기 계획표나 연간 계획표 같은 장기 계획도 탄탄하게 잘 세웠을 것이라고 기대한다. 왜냐하면 모든 것이 완벽해야 수능 만점을 받을 수 있다고 생각하기 때문이다. 그러나 인터뷰를 하면서 그것이 대단한 착각이었다는 것을 알게 되었다.

만점자들 대부분이 연간 계획표 같은 것을 갖고 있지 않았다. 그들은 한 달 단위 이상의 계획은 대략적으로만 구상하고 보통 일일 계획이나 한 주 계획 정도만 구체적으로 잡아두고 공부했다. 물론 연간이나 분기 단위로 장기적인 목표를 세우고 'Top down' 방식으로 계획을 짜는 것도 필요하긴 하지만, 그 계획이 일일 계획만큼 상세할 필요는 없는 것이다. 머릿속으로 '이번 분기까지 어떤 과목의 무슨 개념을 완성하겠다, 이번 달까지 기출문제를 끝내겠다.' 정

공부 '맥락'과 '디테일'이 차이를 만든다 [실전편]

도의 대략적인 목표면 충분하다.

일일 계획을 세울 때에는 특별한 변동 사항이 없는 한 매일매일 새롭게 세우는 것보다 하루에 끝낼 양을 정해놓고 루틴처럼 반복하는 것이 좋다. 그렇게 단순화해서 습관을 들여야 불필요한 에너지가 덜 들기 때문이다. 정현오 학생도 1주일 계획을 이런 식으로 소화했다. "저는 계획을 주 단위로만 세웠어요. 하루를 규칙적으로 보내는 편이라 일일 계획까지는 필요 없었거든요. '야자 1교시는 국어, 2교시는 수학, 3교시는 영어' 이런 식으로만 정하고 1주일 동안 해야 할 분량을 정한 다음 3년 동안 매일 똑같은 패턴으로 공부했던 거 같아요. 그렇게 매일 꾸준하게 하니까 습관이 되어서 저절로 하게 되더라고요."

셋째, 가능하면 하루에 전 과목을 다 봐야 한다. 하형철 학생이 이 계획을 지키기 위해 굉장히 노력했다. "매일 모든 과목을 보려고 노력했어요. 예를 들어, 제가 제일 약한 과목이라고 생각했던 수학에 공부 시간을 가장 많이 투자하고, 나머지 시간에 국어, 영어, 사탐 같은 다른 과목을 채워 넣는 거죠."

김학성 학생 역시 전 과목을 골고루 봐야 특정 과목의 난이도가 높아도 피해를 보지 않는다고 했다. "제가 고3이었을 때 수능에서 국어가 쉽게 나올 거라는 소문이 돌았어요. 실제 6월, 9월 모의고사가 다 쉬웠거든요. 그래서 선생님들도 국어는 쉽게 나올 거니까 수학이나 다른 과목을 열심히 하라고 했죠. 그런데 막상 수능을 보니 국어가 너무 어렵게 나온 거예요. 많은 수험생이 피를 봤죠. 그래서 저는 재수할 때 어떤 과목이 쉽다는 소문을 믿지 말고 제가 계획한 대로 공부하자고 다짐했어요. 공부할 수 있는 전체 시간 중 특정 과목에만 집중해야 한다는 건 안 좋은 것 같아서 가급적 하루에 국영수사 4과목을 다 균등하게 하려고 했어요. 만약 하루에 네 과목을 하기 어렵다면 적어도 1주일 동안 4과목을 균등하게 보려고 노력했고요. 어느 과목에도 구멍이 있으면 안 되거든요."

학생들이 추천하는 것처럼 하루에 단 한 문제를 풀더라도 시험을 치러야 할 모든 과목을 고루 보는 것이 좋다. 그래야 실전 감각을 유지할 수 있기 때문이다. 그래서 자신이 약한 과목은 손대지 않고 잘하는 과목만 더 높은 점수를 받겠다고 한 과목에 매진한다거나, 잘하는 과목을 믿고 약한 과목에만 치중하는 것은 절대 금물이다.

공부 계획을 세울 때 중요한 것은 내가 얼마만큼 할 수 있는지 정확히 알고 내가 할 수 있는 만큼의 계획을 세우는 것이다. 또 계획한 바를 다 지키지 못했다고 하더라도 매일매일 공부한 것을 기록하여 오늘 잘했는지, 못했는지 계속 확인하는 습관을 들이는 것이다. 하지만 그보다 더 중요한 것은 계획대로 하지 못했다고 자책하거나 불안해하지 않는 것이다. 살다 보면 계획대로 되지 않는 날이 더 많다. 그때마다 계획을 지키지 못했다고 자신을 책망하면 목

공부 '맥락'과 '디테일'이 차이를 만든다 [실전편]

표와 계획 세우는 일 자체가 스트레스가 될지도 모른다.

대부분의 만점자들 또한 항상 의욕에 불타서 계획을 세웠지만, 그걸 다 완수하지 못할 때가 더 많았다고 고백한다. 인터뷰를 하는 내내 가장 완벽주의자에 가까웠던 김승덕 학생마저도 그랬다. "저는 항상 자기 전에 '수학책 10쪽에서 30쪽까지 풀기, 국어 지문 10개 풀기' 등 내일 할 일에 대한 계획을 세웠어요. 그러고 나서 계획대로 한 다음 그날 밤이 되면 완수한 항목에는 동그라미를 쳤고, 완수하지 못한 항목에는 세모나 엑스를 쳤죠. 가령 어떤 과목은 10문제를 풀기로 했는데, 7문제밖에 못 풀었다면 세모를 표시해놓고, 아예 손도 대지 못한 과목은 엑스 표시를 해둔 거죠. 그런데 모두 동그라미였던 적이 거의 한 번도 없어요. 왜냐하면 자기 전에는 항상 다음 날의 나를 과대평가하고 더 많은 계획을 세웠거든요."

매일 밤 오늘의 계획을 다 이루지 못해서 불안한 학생에게는 최동욱 학생의 말로 위안을 전한다. "미국 제34대 대통령, 아이젠하워의 유명한 명언이 있어요. '전장에서 계획은 아무 쓸모가 없지만, 계획을 세우는 과정은 무엇보다 중요하다.' 자기가 뭘 할지 계획표에 써보는 것만으로도 머릿속으로 한 차례 예습하는 거거든요. 물론 계획표대로 하지 못할 때도 있겠죠. 일단 최선을 다해보고 그래도 안 되면 그때는 인정하고 받아들이면 돼요. 중요한 건 못 지키더라도 매일 계획을 세우는 그 행위 자체인 거죠."

'오리고' '붙이는' 오답 노트를 버려라

일일 계획을 세우고 주어진 시간 안에 공부를 해서 성적을 올리려면 먼저 시간을 효율적으로 쓸 줄 알아야 한다. 이때 좋은 전략은 자신이 아는 영역과 모르는 영역을 구분하고, 모르는 영역의 범위를 줄여나가는 데 좀 더 시간을 투자하는 것이다. 만점자 중 대부분이 그래왔고, 모르는 영역의 범위가 점차 줄어들 때 성적이 올랐다.

모르는 영역을 줄이려면 어떻게 해야 할까? 우리가 가장 많이 쓰는 대표적인 방법 중 하나가 바로 오답 노트 정리다. 다들 한 번쯤 해보지 않았는가? 모의고사나 문제집을 풀다가 틀린 문제가 나오면 그 문제를 따로 모아서 노트에 정리했던 바로 그것.

이는 특히 수능시험을 준비할 때 많이 추천하는 방법 중 하나다. 고3이 되면 방대한 양의 시험 범위를 정해진 시간에 모두 볼 수 없기 때문에 자신이 자주 틀리거나 취약한 유형의 문제만 집중 공략하는 방식이 실수를 줄이는 데 효과적이다. 꽤나 번거로운 일이지만, 이런 장점 때문에 많은 학생이 '공부를 잘하려면 오답 노트를 만들어라.'라는 말을 공식처럼 따른다.

그렇다면 과연 한 문제도 틀리지 않은 수능 만점자들도 이 오답 노트를 만들어서 효과를 봤을까? 다음 표는 인터뷰한 만점자를 대상으로 설문 조사한 내용이다.

공부 '맥락'과 '디테일'이 차이를 만든다 [실전편]

만점자 오답 노트 유무

오답 노트 유무	비율
오답 노트 없음 (문제집에 직접 표기)	63.4%
오답 노트 있음 (필사, 문제집 자르고 붙이기)	23.3%
오답 노트 있음 (핵심 정보만 표기)	13.3%

결과가 재미있지 않은가? 그들의 대답은 우리가 생각하는 공부 잘하는 공식을 단번에 깼다. 수능 만점자 중 63.4%가 오답 노트를 따로 만들지 않았다. 그들이 틀린 문제를 반복 학습하는 방식은 노트를 따로 만드는 것보다 해당 문제집에 직접 오답을 표기하는 경우가 많았다. 우리가 아는 것처럼 문제집에서 틀린 문제를 자르고 노트에 붙이며 공부했더라도 그 방식을 끝까지 유지하는 사람은 거의 없었다.

설문 조사에 응한 학생들은 시간을 따로 할애하여 오답 노트를 만드는 일은 매우 비효율적이라고 지적했다. "문제집에서 틀린 문제를 오려 노트에 붙여도 보고, 틀린 문제를 그대로 베껴 써보기도 했는데 결과적으로 시간이 너무 오래 걸리더라고요. 노트를 만드는 일 자체에 더 에너지를 쓰는 것이 좋은 방법은 아닌 것 같아서 안 하게 됐어요."

명쾌한 대답이다. 오답 노트의 핵심은 틀린 문제의 유형을 반복해서 학습하는 것, 그래서 머리와 손이 기억하게 하는 것 그리고 다시 실수하지 않는 것에 있다. 한 번 더 풀어보고 스스로 이해하는 것이 중요하지, 기계적으로 문제를 베껴 쓴다면 차라리 안 하는 편이 낫다.

그렇다면 오답 노트, 만들어야 할까, 말아야 할까? 공부 잘하는 학생들도 오답 노트는 거의 안 만들었다는데, 오답 노트를 만들지 않는 것이 답일까? 지금까지 만든 오답 노트가 모두 헛수고인 걸까? 꼭 그렇지만은 않다. 중요한 것은 오답 노트를 통해 반복 학습하는 것이라고 강조하지 않았나. 결국 오답 노트를 만드는 것이 좋을지 안 만드는 것이 좋을지는 자신이 그 오답 노트를 어떻게 활용하는지에 달려 있다. 그 방식이 공부하는 시간을 효율적으로 만들어준다면 좋은 것이고, 앞서 말한 것처럼 머리에 남지 않고 시간만 잡아먹는다면 안 하는 편이 낫다.

판단하기 어렵다면, 수능 만점자들의 노하우를 활용해보는 건 어떨까. 지금부터 오답 노트 유무에 관계없이 틀린 문제를 효과적으로 공부하는 만점자들의 4가지 비법을 소개한다. 다음 방법 중에서 자신과 잘 맞는 방식을 취사선택하면 된다.

첫 번째, 틀린 문제는 반드시 24시간 안에 다시 한 번 확인해야 한다. 오답 노트를 만드는 일 자체가 비효율적이라고 지적했던 만점자 학생 중 일부는 이 방법을 활용했다. 이승규 학생은 이와 관련해

공부 '맥락'과 '디테일'이 차이를 만든다 [실전편]

자신이 반드시 지켰던 하루 법칙을 소개했다. "모의고사를 본 바로 그날, 집에 가서 틀린 문제만 다시 풀어봤어요. 왜 틀렸는지, 그때그때 바로 해결해야 기억에 남거든요. 노트를 따로 만들어 정리하는 건 시간이 너무 많이 걸리는 것 같고 주로 이 방법을 썼죠. 어차피 오답 노트를 정리하는 이유가 확실히 알고 넘어가기 위해서라면, 이런 방식도 도움이 되는 것 같아요."

두 번째, 핵심만 간결하게 정리하는 것이다. 오답 노트는 내가 공부하고 있다는 것을 누군가에게 보여주려고 만드는 것이 아니다. 따라서 누가 봐도 보기 좋게 정리하려고 공을 들일 필요가 없다. 그럴 바에는 자신만 알아봐도 상관없을 정도로 간결하게 정리하는 편이 더 낫다. 이 방법의 경우, 오답 노트를 만들되 번거로운 방식을 기피하는 학생들이 선호했는데, 서장원 학생이 이 방법을 잘 활용했다. "공부를 하면서 제일 중요하게 생각했던 게 누군가에게 보여주려고 억지로 무언가를 만들면서 스트레스 받지 말자였어요. 그래서 오답 노트를 정리할 때도 제가 메모를 보고 어떤 문제를 틀렸는지 떠올릴 수 있을 정도로만 정리를 해뒀어요. 저만 알아볼 수 있으면 되니까요."

세 번째, 노트에 직접 필사하거나 문제지에서 틀린 문제를 오려 노트에 붙이는 방법이다. 단 이 방식은 시간이 오래 걸리는 만큼 노트를 효율적으로 활용하는 것이 중요하다. 원유석 학생은 그 방법을 잘 알고 있었다. "공책을 펴서 왼쪽은 틀린 문제를 잘라 붙였고, 오른쪽은 해설지에 있는 답을 필사했어요. 문제와 답을 분리해서 봐야 공부가 되니까요. 해설을 옮겨 적은 건 그 흐름을 익히려고 한 것이고요."

모든 오답을 노트에 붙일 필요는 없다. 오답 노트를 만들 때 어떤 문제를 별도로 모아둘 것인지 구분하는 자기 기준이 필요하다. 오답 노트를 만드는 과정은 다음과 같다.

문제를 풀다가 틀린 문제 옆에 단순한 실수였는지, 아예 모르는 문제였는지 틀린 이유를 적는다. 수학 과목 같은 경우 계산 실수는 다 자를 필요가 없고 하나씩만 잘라서 붙여 놓는다. 왜냐하면 이런 식의 실수가 종종 있다는 걸 눈으로 보기 위해서다.

모르는 문제였을 경우 유형을 함께 적어 놓는다. 자르다 보면 똑같은 유형이 겹치는 경우가 많기 때문이다. 대부분의 학생들은 모르는 유형을 매번 틀린다. 거의 유사한 문제에 숫자만 바꿔서 틀린 문제이기에, 틀린 문제 전부를 자르고 붙일 필요는 없다. 똑같은 유형의 문제를 많이 자르는 것보다, 한 문제라도 제대로 이해하는 것이 점수를 올리는 좋은 방법이기 때문이다.

네 번째는 틀린 문제를 오리고 붙이는 노트형 방식을 효과적으로 압축하는 것이다. 강상훈 학생은 문제집에서 틀린 문제를 오렸으나 노트에 붙이지는 않았다. 그 대신 오려둔 문제만 따로 묶어놓고 보았다. "노트에 그대로 베껴 써보기도 하고, 문제지를 잘라서 노트에 붙이는 것도 해봤는데 너무 비효율적인 거예요. 그래서 똑같은 문제집을 2권 사서 한 권에는 제가 직접 풀면서 더럽게 사용했고, 다른 한 권은 틀린 문제와 해설을 같이 오려서 그 문제만 스테이플러로 찍어서 지퍼락에 넣은 다음 계속 들고 다니면서 봤어요. 문제만 보고도 어떻게 푸는지 생각날 때까지요."

이 방법들을 토대로 오답 노트를 만들기로 결심했다면, 과연 오답 노트는 언제 만들고 언제 그만두는 것이 효과적일까. 오답 노트를 활용해서 크게 성적을 올린 강도희 학생의 수학 오답 노트 활용법을 엿보면 도움이 될 것이다.

"중간고사에서 수학 점수가 82점 나온 적이 있어요. 2등급대 성적이었거든요. 1등급을 너무 맞고 싶어서 기말고사 때까지 두꺼운 오답 노트를 2권이나 만든 적이 있어요. 문제 유형까지 파악하기 위해서 거의 똑같이 다 적었는데 기말 고사 때 98점을 맞아서 전교 1등을 했어요. 그때 수학의 기틀이 잡혔던 거 같아요. 그때 이후로는 오답 노트를 만들어 본 적이 없어요. 더 이상 하는 건 시간 낭비잖아요."

이 학생의 경우 문제 유형을 완전히 파악하여 스스로 기틀이 어느 정도 잡혔다고 생각할 시점부터 오답 노트를 만들지 않았다. 그때부터는 문제집에 틀린 문제를 표시해두고 다시 풀어보는 첫 번째 방법을 택했다. 그것이 훨씬 더 시간을 효과적으로 활용하는 방법이라고 생각해서다.

오답 노트는 이렇듯 최상위권 성적을 받게 되었을 때는 그만두는 것이 좋고, 성적이 중하위권을 벗어난 시점부터 시작하는 것이 좋다. 중하위권보다 성적이 낮다는 것은 너무 많은 문제를 틀리는 시기라는 것인데, 이때 오답 노트를 만들면 문제를 다시 볼 시간보다 문제를 오리고 붙이는 '노트 만들기'에 더 많은 시간을 써야 한다. 그런 방식은 앞서 말한 것처럼 문제를 이해하는 데 효과가 없으므로 비효율적이다. 따라서 어느 정도 실력이 쌓인 다음 오답 노트를 시작하는 것이 좋다.

이렇게 적절한 시기에 오답 노트를 만들었다면, 가장 중요한 것은 오답 노트를 '활용해' 반복 학습을 하는 것이다. 4가지 노하우와 오답 노트를 만드는 시점보다 사실 이것이 가장 중요하다. 반복 학습을 통해 틀린 문제를 이해하고 같은 실수를 반복하지 않는 것이 핵심이다.

고나영 학생은 반복 학습을 가장 잘한 수험생 중 하나였다. "저는 문제지에다가 바로 오답을 별표로 표시해뒀어요. 이때 어쩌다 맞은 문제도 똑같이 틀렸다고 표시했어요. 확실히 알아서 맞은 문제 말고는 다 틀린 거니까요. 그다음에 다시 볼 때는 별표 하나 표시된 것만 풀고, 그래도 또 못 풀면 그 옆에 별표 하나를 더 쳐놓고… 이

공부 '맥락'과 '디테일'이 차이를 만든다 [실전편]

런 식으로 자주 반복하면서 계속 틀리는 문제만 풀어본 거죠. 별표 7개짜리 문제까지 풀어봤어요."

어쩌면 문제를 오리고 붙이는 노트형 방식보다, 고나영 학생처럼 문제집에다가만 표시해도 반복해서 푼다면 이 방식이 더 효과적일 수 있다. 또한 이 학생처럼 틀린 문제만 풀면서 그 범위를 점점 줄여나가다 보면 복습할 양이 줄어들고 마침내 틀린 문제가 하나도 없게 된다. 이때 성적이 크게 오르게 되고 오답 노트의 효과도 빛을 발하게 되는 것이다.

인터뷰한 학생들이 꼽은 가장 효율적인 오답 노트 방식도 문제집 한 권에 오답을 정리하는 것이다. 따로 필사를 하거나 문제집에서 문제를 자르고 노트에 붙이면서 드는 시간을 문제 풀이에 올인하는 것이다. 혹여나 오답 노트를 정리하고 싶은데 어떤 방법으로 시작해야 할지 고민이 되는 사람이라면 이 방식을 활용해보는 것을 추천한다.

다시 한 번 강조하지만, 오답 노트를 만들고 나서 다시 펴보지 않는다면 오답 노트를 만들 필요가 전혀 없다. 가장 중요한 것은 오답 노트를 정리하면서 '왜 이 문제를 틀렸는지, 이 문제를 어떻게 풀어야 하는지, 다른 방식으로 풀 수 있는 방법은 없는지, 이 문제를 어떻게 바꿀 수 있는지' 등 다각적인 고민을 해보는 것이다. 왜냐하면 수능에 같은 문제는 나오지 않지만, 비슷한 유형의 문제가 나오기 때문이다. 예를 들어, 화학 과목에서 원소와 원자를 잘못 읽어서 문제를 틀렸으면 다음에 그런 유형의 문제를 볼 때마다 '아, 지난번에 여기 원소와 관련된 문제를 틀렸지, 이번엔 틀리지 말아야겠다.' 이런 생각을 해야 한다. 그게 오답 노트를 만드는 이유다. 기억하자. 오답 노트는 문제를 쓰는 게 아니라, 그 문제를 해결하기 위해 어떻게 접근할 것인지 그 과정을 기록하는 것이라는 것을.

오답 노트를 만들 때 최동욱 학생이 남긴 말을 기억했으면 한다. "오답 노트를 형식적으로 할 거면 안 하는 게 나아요. 문제를 똑같이 복사하는 게 아니고, 과정을 쓰는 거예요. 내가 여기서 어떠한 사고를 했기 때문에 이 문제를 못 풀었는지, 어떻게 하면 이 문제를 해결할 수 있는지의 내 사고 과정을 기록하는 거예요."

수업 시간에 노트 필기하지 마라

사람들이 오답 노트만큼 만점자들에게 궁금해 하는 것이 바로 그들만의 필기법이다. 과연 만점자는 노트 필기를 어떻게 했을까? 선생님이 하시는 말씀을 하나도 빠짐없이 다 적었을까? 노트 필기를 할 때 중요한 것과 주의해야 할 것은 무엇일까?

만점자 노트 필기 유무

노트 필기 유무	비율
교과서에 필기한다	73.3%
노트에 필기한다	16.7%
노트에 필기하지 않는다	10.0%

설문에 따르면 만점자 대부분이 노트를 따로 만들어서 수업 시간에 필기를 하지는 않았다. 만약 하더라도 교과서에 중요한 사항만 적으면서 단권화했음을 알 수 있다. 가령 선생님이 수업 시간에 이야기한 것 중 교과서에 없는 내용이거나 모르는 내용은 교과서의 빈 공간에 메모해서 보충해둔다거나, 다시 살펴봐야 할 정도로 중요한 내용만 교과서에 필기하는 것이다. 물론 이때도 교과서에 나오는 내용과 겹치거나 이미 아는 내용은 필기하지 않는다.

만점자는 왜 노트 필기를 하지 않았을까? 한 만점자는 그 이유를 수업 시간에 완전히 집중할 수 없기 때문이라고 했다. "필기를 열심히 하는 학생들도 있는데, 쓸데없는 데에 힘을 빼는 게 아닌가 싶어요. 수업 시간에 필기하면 시간도 오래 걸리고 정작 본습에 집중을 못해요. 엉뚱한 곳에 에너지를 소비하면서 실제로 써야 될 곳에 에너지를 못 쓰는 셈이죠."

본습인 수업을 제대로 못 들으면 결국 복습 시간이 길어진다. 김동만 학생도 같은 이야기를 강조했다. "특히 수학이나 과학의 경우, 선생님이 가르쳐준 내용을 이해하는 게 더 중요한데, 필기할 양이 많다고 해서 그것만 따라가다가 정작 중요한 이해는 못하고 선생님이 칠판에 적어둔 필기 내용만 노트에 복사하는 경우가 많아요. 그게 무슨 의미가 있겠어요. 절 가르치던 수학 선생님은 저에게 노트 필기는 절대 하지 말라고 말씀하셨어요. 수업 시간에 보고 기억하는 게 더 중요하다고, 그래야 네가 다음번에 이해하고 푼다고요."

그렇다. 선생님과 눈을 맞추며 수업에 집중하고 그 내용을 이해하면서 필기까지 완벽하게 하기란 현실적으로 어렵다. 그럴 때는 만점자들의 말처럼 필기보다는 수업에 집중해야 한다. 김태현 학생은 인강을 볼 때는 필기를 했지만 현장에서 강의를 들을 때는 필기하지 않았다. "인강은 보다가 멈추고 다시 돌려서 볼 수 있으니까 필기를 열심히 했어요. 그런데 현장 강의는 그 수업 시간에 놓치면 끝이잖아요. 그래서 필기를 안 하고 선생님 이야기를 듣기만 했어요. 선생님의 풀이를 필기하는 것보다 풀이의 원리를 그 순간에 이해하는 게 더 중요하니까요." 수업 시간에 가장 중요한 것은 이해이지, 필기가 아니라는 점을 다시 한 번 명심하자. 필기에 정신이 팔려 정작 중요한 본습을 놓치는 우를 범해서는 안 된다.

앞서 이야기한 것처럼 필기를 최소화하여 교과서나 문제집 한 권에만 적어두는 단권화 방식의 필기 방법은 좋은 점이 많다. 특히

공부 '맥락'과 '디테일'이 차이를 만든다 [실전편]

시험 직전 여러 권의 책이나 노트를 보며 에너지를 분산시키는 것보다 한 권에만 집중하면 훨씬 체계적이고 효율적으로 공부할 수 있다. 이동헌 학생도 이 방식의 효과를 몸소 경험하였다. "저는 단권화 형식으로 필기를 많이 했어요. 과목별로 가장 많이 보는 책 한 권에, 다른 책에서 공부한 내용이나 수업 때 배운 내용, 틀린 문제에 대한 풀이를 다 모아서 적어두는 거죠. 그러면 나중에 그 책 한 권에만 집중할 수 있으니까 더 효율적인 거 같아요."

이렇게 책에 효과적으로 필기하는 방법은 3가지 정도가 있다. 정현오 학생처럼 교과서에 있는 내용과 연관 지어 봐야 할 내용은 그 내용이 나오는 바로 옆 여백에다가 꼬리표를 하나 붙여서 메모를 하는 것이다. 또 변유선 학생처럼 포스트잇을 활용할 수도 있고, 윤도현 학생처럼 적어야 할 내용이 많은 경우 A4 용지를 활용할 수도 있다. 각자 상황에 맞는 방식을 활용해 잘 정리하면 된다. 이 책 저 책 보면서 공부하는 것이 산만하다고 느낀 학생이라면 이런 단권화 방식을 따라서 해보는 것도 좋을 듯하다.

단권화 방식이든, 어떤 필기법이든 필기의 핵심은 중요한 내용만 간단하게 기록하는 것이다. 그렇다면 수업 시간에 어떤 내용을 필기하고, 어떤 내용을 필기하지 않아도 되는지 어떻게 판단할 수 있을까? 수업 시간에 필기하지 않은 부분에서 시험 문제가 나오는 불상사를 줄이려면 어떻게 해야 할까? 원유석 학생은 시험을 통해 판단 기준을 세우라고 강조했다.

"선생님마다 시험 내는 방식이 다르기 때문에 노트 정리도 선생님마다 다를 수밖에 없어요. 만약 덜 중요한 데에서 문제를 낸다고 하면 그 선생님의 수업을 들을 때는 다 적어야 하는 거죠. 덜 중요한 데서 나오느냐, 안 나오느냐는 중간고사나 학교 정규 시험을 통해 판단할 수 있고요. 그 시험을 치르고 나서 분석한 다음 기말고사를 준비할 때는 그 선생님의 스타일에 맞춰서 필기하는 거죠."

내신 같은 경우는 특히 이렇게 선생님의 스타일을 분석하거나 수업 내용을 대부분 필기하면 도움이 된다. 강도희 학생도 노트 필기를 자세하게 해서 효과를 보았다. "고3 때 수능 특강 베이스로 공부했을 때는 공부해야 할 분량이 많으니까 책에다가 필기를 했는데, 고2 때까지는 노트에 대부분 다 적었던 거 같아요. 그럴 때는 그날 노트 필기한 내용을 똑같이 한 번씩 베껴 적었어요. 특히 수학 오답 노트를 만들 때 반반씩 쓰는 노트 형식을 따랐는데, 한 페이지의 절반은 수업 시간에 필기를 하고 다른 절반에는 복습하는 시간에 한 번 더 베껴 쓰면서 다시 교과서를 읽어보는 거죠. 그 덕에 내신이 1등급이었어요."

마지막으로 만점자 중 한 명이 내게 한 이야기를 통해 필기에 관하여 강조하고 싶은 메시지를 나누고자 한다. "작가님이 지금 인터뷰를 할 때 제 말을 다 적고 계시면 저와의 인터뷰에 집중할 수 있을까요? 녹음기를 쓰지, 필기를 하지 않는 이유는 음성의 핵심 의미와 강조점을 놓칠 수 있기 때문이잖아요. 그거랑 똑같은 거 같아요."

예습, 본습, 복습의 황금 비율

수업에 대비하는 방법은 크게 예습, 본습, 복습 3가지다. 효과적으로 공부하려면 이 3가지 방법 중 어떤 방법에 가장 에너지를 집중하면 좋을까? 만점자들은 과연 어떻게 공부했을까?

만점자 본습, 복습, 예습 비중　　　　　가산점 부여(1순위 2점, 2순위 1점, 3순위 0점)

학습 비중	비율
본습	52.9%
복습	41.4%
예습	5.7%

　만점자들은 본습 > 복습 > 예습 순으로 비중을 둬야 하며 심지환 학생은 그중에서도 본습이 가장 중요하다고 강조한다. "예습과 복습은 본습을 중심으로 움직이기 때문에 수업이 제일 중요해요. 그다음이 복습이고요. 본습 때 공부한 걸 얼마나 오래 기억하느냐는 복습에 달려 있거든요. 예습은 '아, 다음 시간에 이런 걸 배우는

구나.' 정도만 알고 가면 돼요."

본습에서 집중하지 못하면 아무리 복습을 해도 내용을 이해하기 어렵다. 그만큼 복습해야 하는 시간도 늘어나고, 효율이 떨어진다. 예습과 복습은 본습을 잘 듣기 위해서 필요한 것이라고 고나영 학생도 의견을 보탰다. "본습이 제일 중요해요. 본습이 잘 돼 있으면 복습 시간을 줄일 수 있거든요. 한정된 시간 안에 공부해야 하는 수험생은 복습 시간을 줄이는 것도 실력이고 공부라는 걸 명심했으면 좋겠어요." 학교 수업, 즉 본습을 제대로 듣는 학생은 학원 수업에서도 얻어가는 것이 많다. 하지만 학교 수업을 잘 안 듣는 학생은 학원 수업에서도 얻어가는 게 없다.

만점자 대부분은 본습을 강조하는 한편 예습은 크게 중요하지 않다고 말했다. 수업 시작 전에 잠깐 훑어보는 예습에 큰 비중을 둘 필요가 없다는 것이다. "예습이 솔직히 필요한지 모르겠어요. 저 예습 안 했거든요."라고 말하는 학생도 있었다. 물론, 예습을 해서 나쁠 것은 없지만, 한정된 시간을 효율적으로 쓰려면 그에 맞는 전략이 필요하다. 다만, 본습을 할 때 그 내용을 따라가지 못 할 정도의 학업 수준이라면 어느 정도 예습은 필요하다는 것을 명심해야 한다.

만약, 어떤 시험을 치르기 위해서 공부해야 한다면 예습, 본습, 복습을 다 똑같이 열심히 하는 것이 아니라 예습 1, 본습 6, 복습 3 정도로 비중을 나누어 공부하는 것이 좋다.

공부 '맥락'과 '디테일'이 차이를 만든다 [실전편]

예습의 비중이 적은 까닭은 본습에서 보게 될 내용이 낯설지 않을 정도만 익히면 되기 때문이다. 강도희 학생은 "예습은 공부할 부분을 가볍게 쓱 훑어보듯이 편하게 보면 될 거 같아요. 저 같은 경우 목차를 읽고 나서 내일 수업 시간에 배울 내용이 어떤 것인지 파악하고, 선생님께 무엇을 질문하면 좋을까 정도만 생각했어요."라고 말했다.

복습을 할 때 중요한 것은 본습이 끝나자마자, 하루가 지나기 전에 그 내용을 다시 한 번 보는 것이다. 예습과 본습을 통해 공부한 내용의 기틀을 잡고 복습을 통해 거기에 살을 붙여 나갈 때 구조화된 내용이 머릿속에서 뿌리를 내린다. 서준호 학생은 본습이 끝나고 난 다음 쉬는 시간을 복습하는 시간으로 활용하고 있었다. "수업 시간에 배운 걸 최대한 활용하기 위해서 쉬는 시간을 이용했어요. 쉬는 시간 10분이 시끄럽고 아무것도 아닌 것 같아도 어떻게 보면 수업을 복습하는 데 제일 좋은 시간이에요. 딱 5분 정도만이라도 이전 수업에서 들었던 내용을 반복해서 보면 최소한 전체적인 틀이나 흐름이 어느 정도 머리에 남더라고요. 복습을 바로 하면 왜 좋은지 그때 좀 깨달았어요."

쉬는 시간이 아니더라도 상관없고, 많은 양을 복습할 필요도 없다. 최소한 수업 시간에 선생님이 중요하다고 했던 부분, 내가 이해하기 어려웠던 부분만이라도 오늘이 지나가기 전에 확인하면 된다. 단, 복습은 예습과 달리 스스로 완벽하게 이해했다고 확신할 정도로 철저하게 공부해야 한다. 왜냐하면 배운 것을 내 것으로 만드는 공부의 마지막 단계이기 때문이다.

만점자들이 가장 중요하다고 강조한 본습, 이 시간에 가장 명심해야 할 것은 수업 시간에 딴짓하지 않고 집중하여 수업에 자신을 참여시키는 것이다. 본습 때 가장 하지 말아야 할 것이 바로 멀티태스킹이다. 수업 시간에 다른 과목을 공부하는 학생들이 종종 있는데, 아무리 자기 공부가 중요하다고 해도 선생님의 설명을 안 듣고 자기 학습을 하는 건 효율성 측면에서 좋지 않다. 또 공부 습관을 망칠 수도 있기 때문에 경계해야 한다.

다른 과목을 공부하면서 '아, 지금 이렇게 공부하는 거 들키지는 않을까?' 신경 쓰면, 이 과목도 저 과목도 완전히 집중해서 공부하기 힘들다. 그럴 바에는 차라리 마음 편하게 수업에만 집중하는 것이 좋다. 수업 시간이면 수업에, 인강 시간이면 인강에, 자습 시간이면 자습에 집중하는 등 주어진 시간에 집중하는 것이 좋다.

수업 시간에 집중하려면 그 수업에 참여해야 한다는 의견에 고나영 학생도 동조했다. "저는 선생님과의 교감이 중요하다고 생각해요. 그냥 수업을 듣는 게 아니라 질문도 하고 대답도 잘하는 거죠. 그럴수록 수업에 몰입하게 되고, 집중해서 들은 내용은 오래 기억에 남아요. 하지만 교감하지 못하면 수업 내용을 이해하지 못하

공부 '맥락'과 '디테일'이 차이를 만든다 [실전편]

게 되고, 결국 '다음에 복습하면 되지.'라고 생각하면서 지나가버려요. 그럼 수업 시간도 활용하지 못하는 거고 자습할 시간도 늘어나니 얼마나 비효율적이에요."

서준호 학생은 수업의 승부사가 되어 수능 만점이라는 쾌거를 이뤄냈다. "공부할 때 겸손하려고 계속 노력했어요. 예습을 했다고, 설령 본습 때 배우는 내용을 좀 안다고 다른 공부를 하거나 문제집을 푸는 걸 경계했죠. 아무리 다 알고 있는 내용이어도 저는 늘 제가 불완전하다고 생각하고 수업에 집중하자, 수업을 복습 시간으로 삼고 더 철저하게 공부하자고 다짐했어요. 그래서 대답도 열심히 하고 집중해서 듣다 보니까 수업이 재미있고 공부한 내용도 더 오래 기억에 남더라고요."

수업 시간에 집중해서 들어야 복습도 효과가 있는 것이지, 수업 시간에 제대로 들은 것도 없이 복습을 하게 되면 그 시간은 복습 시간이 아닌 본습 시간이 된다. 수업을 열심히 들었을 때 복습도 의미가 있다는 것을 다시 한 번 명심하자.

단기간에 점수를 올릴 수 있는 가장 확실한 방법

수재나 1등, 수능 만점자가 가장 많이 듣는 질문 중 하나는 '어떻게 하면 단기간에 성적을 올릴 수 있을까?'이다. 공부를 하는 사람이라면 사실 단기간에 성적을 올리고자 하는 욕망이 분명 있을 것이다. 그래서 족집게 과외나 벼락치기가 있는 것이 아닐까 싶다. 만점자들은 아무래도 효율적으로 공부하는 방법을 아니까 당연히 단기간에 점수를 올릴 수 있는 방법도 알고 있지 않을까?

이 질문에 만점자들이 강조한 것은 '포기할 건 빨리 포기하라.'는 것이다. 가령 이런 것이다. 수능 시험이 100일 정도 남았다고 하자. 이때 국영수와 같은 기본기가 탄탄해야 하는 과목을 단번에 잘 볼 수 있는 방법이 있을까? 아마 족보가 없는 이상 그런 방법은 거의 없다고 보면 된다. 내신이야 공부할 범위가 교과서나 부교재 정도로 한정되니까 시간이 부족하더라도 공부할 양을 늘리고 집중력을 높이면 가능할 수도 있다. 정 힘들면 아예 공식이든 개념이든 통째로 외우면 된다. 하지만 수능은 내신에 비해 범위가 방대하기 때문에 단기간에 좋은 성적을 낼 수 있다는 기대 자체를 접는 것이 정신 건강에 좋다.

그렇다면 과연 무엇을 포기하고 무엇에 집중해야 단기간에 조금이라도 더 성적을 올릴 수 있을까? 최규원 학생은 "단기간에 성적을 올릴 수 있는 과목에 집중하라."고 말했다. 앞서 말했든 국어, 영어, 수학은 시간과 노력, 기본기와 성적이 비례하는 전형적인 계단식 그래프의 성적을 보여주는 과목이다. 암기만으로는 부족하고 기본적인 실력이 있어야 성적이 나오는 과목이기 때문에 단기간에 해결할 수 있는 과목이 아니다. 하지만 사회탐구, 지구과학 같은 과목은 흐름을 이해하고 암기할 양을 늘리는 등 공부의 밀도를 높이면 단기간이라도 성적을 올릴 수 있다. 정현오 학생은 "사탐 같은 경우는 솔직히 1주일 빡세게 외우면 점수가 무조건 오를 수밖에 없다고 생각해요."라고 덧붙였다.

시간이 많이 남지 않았다면 공부할 때도 개념 공부보다 문제 풀이에 집중하여 여러 유형에 익숙해지는 훈련을 하는 게 좋고, 최후의 수단으로는 다 외워질 때까지 무작정 암기해보는 것도 방법이다. 김유진 학생이 그런 식으로 공부해서 단기간에 성적을 올린 경험이 있다. "저는 한국사를 공부할 때 이 방법을 썼죠. 고등학생일 때는 하다가 어려워서 중간에 포기했는데, 재수할 때는 이 과목에 시간을 많이 투자해서 붙잡고 늘어졌어요. 무식한 방법이지만 다 외워질 때까지 계속 반복했죠. 그런데 그 방법이 통하더라고요."

김동만 학생은 시험 전뿐만 아니라 시험장에 들어가서도 포기해야 할 것이 있다고 했다. "평소에 수학 점수가 88점 나오는 학생이 있다고 가정해볼게요. 그 학생에게 시험이 딱 한 달 남았어요. 그런데 솔직히 그 사이에 100점까지 점수 못 올리거든요. 그러니까 제일 어려운 두 문제는 일단 포기하고 들어간다고 전략을 짜는 거죠. 그렇게 하면 그 친구가 맞아야 할 점수가 100점이 아니라 96점,

92점이 되겠죠. 그럼 부담도 덜하고, 88점 맞던 학생이 92점 맞을 수도 있고, 잘 찍으면 96점까지도 맞을 수 있거든요. 88점 맞던 학생이 실전에서 72점을 맞는 건 평소보다 1개 더 맞추려고 아등바등하다가 그렇게 되는 거예요."

단기간에 여러 가지 문제 유형을 익혀서 성적을 올리려고 할 때 좋은 참고 자료는 '기출문제'다. 기출문제는 다음번 시험에 대략 어떤 문제들이 나올지 예상할 수 있게 도와준다. 그렇게 되면 그 유형의 문제만 집중적으로 풀어보더라도 훨씬 시간을 절약할 수 있고, 최소한 그 문제는 맞을 확률이 높아지니 자연스럽게 성적이 오를 확률도 높아진다.

그렇기 때문에 기출문제는 시험에 대략 어떤 유형의 문제가 나올지, 짧은 시험 시간을 효과적으로 분배하는 전략을 어떻게 세워야 할지 판단하는 데 좋은 기준이 된다. 무턱대고 아무 문제나 마구 푸는 것보다 비슷한 유형의 문제를 많이 푸는 게 도움이 되리라는 것은 어찌 보면 당연한 것이 아닌가.

이영래 학생도 기출문제의 중요성에 대해 다시 한 번 짚고 넘어갔다. "사탐은 5개년 정도의 기출문제를 5번 정도 본 거 같아요. 매번 나오는 것만 나오니까 그것만 제대로 이해하고 있어도 점수를 잘 받을 수 있는 거 같아요. 진짜 문제를 많이 풀면 오를 수밖에 없는 과목이에요." 김동만 학생의 주변에도 그렇게 성적을 올린 학생

공부 '맥락'과 '디테일'이 차이를 만든다 [실전편]

이 있었다. "모의고사에서 220점 맞던 친구가 수능 볼 때 380점 받는 것을 봤어요. 기출문제를 저보다 소상히 외우고 있더라고요. 문제만 봐도 몇 년도, 몇 월, 몇 번에 나왔던 문제이고 답은 뭔지, 어떻게 푸는지 자동으로 튀어나올 정도로요."

기출문제를 선택할 때도 시간이 부족할수록 사설 기관의 문제보다 한국교육평가원에서 공시한 기출문제를 공략하는 것이 좋다. 물론 변형된 유형의 문제를 대비하려면 사설 문제도 풀어보는 것이 좋겠지만, 그만한 여유가 없고 한 곳에 집중해야 한다면 당연히 '한국교육평가원' 문제가 더 도움이 된다.

암기 과목에 집중하고 기출문제를 많이 풀어보는 방법으로 성적을 좀 올릴 수 있을지는 모르지만, 본질적으로 단기간에 성적이 급상승하거나, 만점을 받기란 힘들다는 것을 알아둬야 한다. 윤주일 학생은 "유감스럽지만 질문이 잘못됐다고 생각합니다. 그런 건 없습니다."라고 고백했다. 고나영 학생도 같은 의견이었다. "실제로 과외할 때 학생들이 가장 원하는 부분이기도 해요. 단기간에 성적 올리는 법. 하지만 제 논리로는 기초 없이 벼락치기로 성적을 올린다는 게 이해가 안 돼요."

만점자 모두 단기간에 성적을 올린 것이 아니라 차곡차곡 쌓아온 공부 습관을 바탕으로 자기 노력이 더해져 수능 만점이라는 결과를 얻었다. 스타 강사의 수업이 아무리 훌륭해도 모든 학생이 만점을 받을 수 없는 이유, 1등만 해온 만점자들이 우리와 다른 이유는 바로 여기에 있다.

강상훈 학생은 단기간에 성적을 올린 것처럼 보이지만, 사실 그 결과는 탄탄한 기본기에서 비롯되었다. "남들이 볼 때는 제가 단기간에 점수가 오른 것처럼 보일 거예요. 그런데 저는 고등학교 1학년 때부터 하루 5~6시간씩 틀어박혀서 《수학의 정석》같은 개념서만 봤거든요. 나중에 문제 푸는 시간을 늘려서 성적이 확 올랐지만, 그렇게 문제를 풀 수 있었던 건 개념서를 들여다봤던 시간이 있었기 때문이라고 생각해요. 그 기본기가 먼저였던 거죠. 벼락치기 같은 방법은 없어요."

그렇다면 한 달, 100일이 아닌 우리가 성적을 올릴 수 있는 최소한의 시간은 얼마나 필요한 것일까? 하위권에 있는 학생은 최소한 언제부터 공부해야 '중경외시'급의 중상위권 대학에 갈 수 있을까? 학생 개인의 노력 여하에 따라서 시작하는 시기가 다를 수 있지만, 최소한 고등학교 1학년 때는 시작하는 것이 좋다. 하형철 학생도 이 의견에 동의했다. "고등학교 1학년 때부터는 기본기를 다지고 공부하는 습관을 만들어나가야 하지 않을까요? 사실, 고1 때 공부 습관이 안 잡혀 있으면 그다음이 굉장히 힘들 거예요. 수능 대비가 마음만 가지고 할 수 있는 게 아니거든요."

하위권 학생들의 가장 큰 문제점은 공부 습관 자체가 안 잡혀 있

공부 '맥락'과 '디테일'이 차이를 만든다 [실전편]

다는 것이다. 그 습관을 들이고 자신에게 맞는 공부 방법을 알아내는 시행착오를 겪다 보면 1년은 정말 금방 지나가 버린다. 그렇기 때문에 고1 때는 공부를 시작해야, 최소한 제대로 공부할 수 있는 시간, 2년 정도를 버는 것이다.

김학성 학생은 아무리 늦어도 고2 때부터는 시작해야 한다고 말한다. "아무리 늦어도 고2 때는 시작해야 해요. 고3 때는 누구나 다 열심히 하기 때문에 힘들거든요." 최규원 학생도 같은 의견이었다. "제 주변 친구들을 보면 고2가 마지노선인 것 같아요. 공부에 대한 태도나 습관을 만드는 데 최소한 1년 정도 시간이 필요하거든요. 고3 때 공부를 시작하면 습관을 들이는 것도 힘들지만, 물리적인 시간이 너무 부족한 거죠."

의지만 강하다면 만점자들이 말한 것처럼 고2 때도 시작할 수 있다. 2년이라는 시간은 생각보다 많은 걸 시도하고 이룰 수 있는 시간이다. 그러니까 늦었다고 생각하지 말고 지금이라도 바로 시작하라. 단 한 문제라도 좋다. 포기하고 싶어지는 순간 시작하는 것이 가장 빠를 수 있다. 단, 시간이 많지 않은 만큼 본인의 습관과 태도를 바꾸는 데 환골탈태의 노력이 필요하다는 걸 알고 있어야 한다.

만점자가 알려주는
특급 공부 비법

1. 서장원 학생의 오답 노트 정리법

오답 노트를 만들 때 최소한의 정보만 기입한다. 다시 봤을 때 어떤 문제를 틀렸

는지, 왜 틀렸는지 자기만 알아볼 수 있으면 된다. 가령 출처의 경우 '2018년 6월

모의고사'라고만 메모해도 문제가 기억나지 않을 때 출처를 통해 문제를 찾아볼

수 있다.

[서장원 학생의 오답 노트 일부]

H/M 2회 5 | $\lim\limits_{n\to\infty} \dfrac{(n-1)\cdot 4^n+2^n+n+1}{n\cdot 4^{n+1}+2^{n+1}+n+2}$ 을 구하려면?

⇒ $n\cdot 4^n$으로 나눠준다!(어쨌든 ∞로 나누기)

NO.

＊H/M 2회 5 $\lim\limits_{n\to\infty} \dfrac{(n-1)\cdot 4^n+2^n+n+1}{n\cdot 4^{n+1}+2^{n+1}+n+2}$ 을 구하려면? → $n\cdot 4^n$으로 나눠준다! (어쨌든 ∞으로 나누면 됨!)

❶ 문제의 출처를 간단하게 밝힌다.

→ H/M 2회 5

❷ 틀린 문제를 적는다.

→ $\lim\limits_{n\to\infty} \dfrac{(n-1)\cdot 4^n+2^n+n+1}{n\cdot 4^{n+1}+2^{n+1}+n+2}$ 을 구하려면?

❸ 풀이 방법을 간결하게 메모해둔다.

→ $n\cdot 4^n$으로 나눠준다!(어쨌든 ∞로 나누기)

2. 김동만 학생의 10번 반복 학습법

시험 전에 그동안 봤던 내용을 전부 다시 본다. 정독보다는 반복이 핵심이다. 적으면 3번, 많으면 10번을 반복한다. 어느 페이지를 펼쳐도 어떤 내용인지 단번에 알고, 그동안 공부했던 게 머릿속에 떠오를 수 있도록 반복하는 것이 중요하다.

3. 변유선 학생의 '문항별 시간 기록법'

한 문제를 풀 때마다 스톱워치로 시간을 재고 기록한다. 문제당 주어진 시간은 평균 2분이므로, 문제당 1분 30초 내외로 풀 수 있도록 연습한다. 그렇게 훈련하면 전체 시험 시간을 재는 것보다 문제 푸는 시간을 줄이는 데 효과적이다.

너무 빨리 풀거나 푸는 데 오래 걸린 문제는 따로 메모하여 원인을 분석한다. 가령 빨리 푼 문제 같은 경우, 복선이나 힌트를 어디서 발견했는지, 답의 근거가 된 문장은 무엇이었는지 확인하다 보면 문제 유형을 분석하는 데 도움이 된다.

4. 하형철 학생의 '객관식 문항 완전 정복'

문제를 풀 때 정답을 맞혔다고 넘어가지 않고 객관식 문항을 모두 알고 있는지 확

인한다. 예를 들면, 한국사 시험에서 특정 왕이나 시대를 설명하는 지문이 나오고

사지선다형 문항 중 정답을 제외한 나머지 4개 문항이 다른 시대나 왕을 설명하

고 있을 때, 그걸 모두 아는지 확인하는 것이다. 그렇게 접근하면 한 문제를 풀어

도 4문제를 푸는 효과를 얻을 수 있다.

〔예시〕

1. 다음 설명과 연관된 시대에 일어난 일은?

- 보기 -
- 혜정교와 종묘 부근에 설치
- 12지신을 그려 넣음
- 가마솥 해시계로 유명

① 훈민정음이 창제되었다.
② 수원에 화성을 쌓기 시작했다.
③ 고려사가 완성되었다.
④ 경국대전을 완성하여 반포하였다.

❶ 보기가 가리키는 것이 무엇인지 파악한다.

→ 세종 시기에 널리 보급된 해시계 '앙부일구'

❷ 세종 시기와 관련된 내용을 찾는다.

→ 훈민정음이 창제되었다.

❸ 나머지 문항이 가리키는 시대를 적는다.

→ 수원 화성(정조) 고려사 완성(문종) 경국대전 완성(성종)

---

5. 이승규 학생의 '단어장 활용법'

휴대하기 좋고 종이를 뜯어서 쓰거나 떼어내 붙이기 좋은 메모장에 단어를 적는다. 그리고 매일 들고 다니면서 본다. 가령 샤워를 할 때 메모장을 한 장 뜯어서 샤워 부스 밖에 붙여두거나, 엘리베이터를 기다리는 시간에 문이나 버튼 옆에 메모장을 붙여두고 계속 바라보며 외우면 자투리 시간을 활용해 단어를 암기할 수 있다.

6. 고나영 학생의 '문장 구조 만들기'

지문을 빨리 파악하려면 문단마다 핵심 내용을 뽑아 지문 전체를 구조화하는 것이 좋다. 그럴 때 좋은 방법은 다른 사람에게 설명하듯이 말해보는 것이다. 다른 사람에게 설명을 하려면, 일단 스스로 먼저 이해하고 무엇부터 설명할지 머릿속으로 그려보게 된다. 첫 문장은 무엇을 말하는지, 핵심 메시지는 무엇인지, 그 근거는 무엇인지 구조화하게 되는 것이다. 2분 동안 지문을 보고 문제지를 덮은 다음 설명하고, 또 다시 한 번 보고 설명하고…. 이걸 반복하다 보면 머릿속에 그림이 완성되면서 내용을 확실히 이해하게 된다.

7. 윤주일 학생의 369 사이클 반복법

문제집을 여러 권 풀어보는 것도 중요하지만 한 번 풀어본 것을 반복해서 풀어보는 것도 좋은 방법이다. 유형을 완벽하게 외워서 체화하는 것이다.

가령 30문제가 한 회차인 문제집이 있으면, 일단 한 차례 풀어본 다음 오답만 정리해서 다시 보고, 그중에서 또 틀리는 것이 있으면 다시 반복해서 본다. 그렇게 오답이 안 나올 때까지 보는 것을 한 사이클로 정한다. 그다음 이 사이클을 3개월 후, 6개월 후에 다시 반복한다. 그 사이에 다른 과목을 풀고 있더라도 한 문제집을 풀고 3개월이 지나면, 같은 문제집을 다시 반복해서 푸는 것이다. 이렇게 하면 1년에 최소 3~4번, 3년이면 9~12번 반복하는 셈이다. 이 방법으로 공부하면 학습 내용을 완벽히 이해하거나 외울 수 있다.

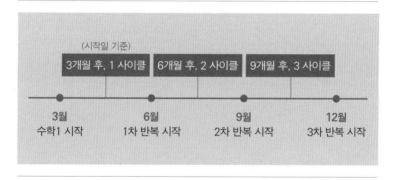

8. 김유진 학생의 '한 놈만 노리는' 공부법

모의고사 시험 전 1주일 동안 한 과목을 정해 시간을 집중 투자한다. 가령 한국사 과목이 취약하다면 한국사를 하루에 7시간씩 공부하는 것이다. 만약 평소 점수가 50점 만점에 30점이었다면, 이 공부법으로 45점까지 오를 수 있다. "나는 한 놈만 팬다."라는 영화 대사처럼 모든 과목을 잘하려고 하기보다 좋아하는 과목이든, 싫어하는 과목이든 한 과목을 선택해서 해보고 성과가 나면 그다음부터는 성취감 때문에 더 열심히 하게 된다. 그리고 이 방법을 다른 과목에도 적용시켜본다.

맥락을 알면
고득점이 보인다

"공부를 많이 하는 것보다 중요한 것은 핵심 영역을 찾아내고, 문제를 파악하고 분석하는 거예요. 그렇게 해서 가장 빠른 지름길을 찾아서 가는 게 똑똑하게 공부하는 방법인 거죠."

내신은 수업에, 수능은 기출문제에 답이 있다

우리가 하고 있는 공부가 1등의 공부 방식과 결정적으로 다른 점은 무엇일까? 잘 자리 잡은 습관을 바탕으로 한 기본기, 부단한 노력, 공부에 대한 흥미 등 여러 가지 요소가 있겠지만, 결정적인 것은 바로 이것이다. 시험을 대비하는 효과적인 전략. 정해진 시간 안에 방대한 양의 공부를 가장 전략적으로 할 수 있는 방법은 무엇일까?

바로 출제 방향을 예측하는 것이다. 출제 방향을 안다는 것은 굉장히 중요하다. 어떤 문제가 나올지 알고 그 부분을 중점적으로 공부하는 것과 어떤 문제가 나올지도 모르는 상태에서 무턱대고 전 영역을 다 공부하는 것은 큰 차이가 있다. 이동헌 학생도 출제 방향의 중요성에 대해 강조했다. "공부를 효율적으로 했으면 좋겠어요. 특히 시험공부는 무조건 공부를 많이 하는 것보다 핵심 영역을 찾아내고, 문제를 파악하고 분석하는 게 중요해요. 그렇게 해서 가장 빠른 지름길을 찾아 가야 해요."

공부를 잘하지 못하는 학생, 특히 열심히 한 것에 비해 성적이 잘 나오지 않는 학생과 1등은 바로 이 지점이 확연하게 다르다. 방향성 없이 그저 열심히만 하는 학생들은 어디에서 문제가 나올지 모르니 A부터 Z까지 다 공부하려고 한다. 그러다가 방대한 학습량을 소화하지 못해 결국에는 자포자기하고 공부 자체를 안 하려고 한다.

그렇다면 출제 방향을 파악할 수 있는 좋은 방법이 없을까? 최상위권 학생들은 어떻게 출제 방향을 알고 시험을 준비한 걸까? 그 질문에 최규원 학생은 이렇게 답했다. "수능 시험의 출제 방향을 파악하는 방법 중 가장 좋은 건 기출문제를 많이 푸는 거예요. 기출문제를 보면 어떤 영역에서 문제가 나오는지, 출제자가 무엇을 물어보고자 하는지 파악하는 데 큰 도움이 되죠. 시험은 어쨌든 출제자의 요구에 내가 응답하는 거잖아요. 출제자의 의도를 알면 그것만 공부하면 되니까 훨씬 효율적으로 공부할 수 있죠. 저 같은 경우 2009년도부터 수능 기출문제는 다 풀어본 거 같아요. 한 기출문제당 최소한 5번씩은 봤거든요. 너무 많이 봐서 답도 외우고, 보기도 다 외울 정도로요."

김태현 학생도 기출문제의 중요성을 강조한다. "수학 같은 경우 2002년부터 16년 동안 출제된 문제를, 국어 같은 경우는 2014년부터 4년 동안 출제된 문제를 다 풀어봤어요. 기출문제를 보면 어떤 부분을 중요하게 생각하는지 알 수 있거든요. 과탐 같은 경우 특정 단원에서 나오는 문제들이 거의 정해져 있어요. 그럼 평소에 공부할 때도 그 주제와 관련된 내용을 더 많이 보는 거죠. 그리고 기출문제를 풀 때는 교육과정평가원에서 의도된 풀이대로 풀어야만 다음에도 비슷한 유형의 문제가 나왔을 때 풀 수 있어요. 그래서 그 문제 풀이를 분석하는 것도 굉장히 중요해요. 한 가지 더 말씀드리고 싶은 것은 보자마자 5초 만에 풀 수 있는 굉장히 쉬운 문제들엔 너무 많은 시간을 투자하지 마세요. 개념 학습 위주로 하면서 그보다는 어려운 문제가 자주 출제되는 단원에 집중하는 것이 좋아요. 결국 변별력은 그런 문제에서 판가름이 나고 어려운 문제를 많이 풀다 보면 새로운 유형이 나와도 당황하지 않고 풀 수 있더라고요."

공부 '맥락'과 '디테일'이 차이를 만든다 [실전편]

김승덕 학생은 내신의 출제 방향도 수능과 크게 다르지 않다고 언급했다. "저 같은 경우 항상 중간고사보다 기말고사 성적이 월등히 높았어요. 중간고사를 보면 문제의 유형이 보이거든요. 선생님이 시험 문제를 까다롭게 내는지, 수업 시간에 강조한 부분에서 많이 내는지 알게 되는 거죠. 그렇게 중간고사 때 선생님의 출제 유형을 파악하고 그걸 바탕으로 기말고사를 준비하니까 성적이 더잘 나오더라고요."

시험은 범위가 정해져 있기에 나올 수 있는 문제의 유형도 한정적일 수밖에 없다. 수능도 마찬가지다. 따라서 만점자들이 강조한대로 기출문제를 많이 풀수록 성적을 올리는 데 유리하다. 출제 유형을 파악하면 내가 집중해서 공부해야 하는 영역이 보이고, 그 부분만 완벽히 숙지하면 되기 때문이다. 그래서 그런지 만점자 대부분은 교육과정평가원에서 공시한 수능 기출문제를 거의 다 풀었다. (*지금 수능과 형식이 다른 90년대 제외) 그러니 여러분도 우선은 교육과정평가원 홈페이지에 게시되어 있는 모의고사와 수능 기출문제부터 풀어보자. 공부하다 보면 어느 날 '아, 이건 문제로 나올 거 같은데! 내가 선생님이라면 이런 문제를 낼 거 같은데!' 싶은 날이 분명 올 것이다.

만약, 여러 해 분량의 기출문제를 풀어도 출제 방향을 모르겠으면 학원에 가기 바란다. 사교육의 장점 중 하나가 문제의 유형을 파악하고 어떻게 하면 쉽게 풀 수 있는지 알려준다는 것이다. 실제로 만점자 중에서도 사교육을 받아 출제 방향을 파악했다는 학생이 있었다. "다른 과목은 어느 정도 독학으로 해결했는데 국어가 잘 안 되더라고요. 그래서 학원에 가서 도움을 받았죠. 지문 분석하는 방법과 풀이 방법에 대해 배웠는데 그대로 하니까 진짜 잘 되더라고요. 국어 공부는 오히려 사교육을 통해 제대로 배운 거 같아요."

출제 방향 못지않게 중요한 것이 바로 출제자의 의도를 아는 것이다. 출제 의도는 바꿔 말하면 '왜 이 문제를 냈나?'이다. 그 '왜'라는 질문에 제대로 대답하지 못하면 절대 시험을 잘 볼 수 없다. 이 충영 학생도 출제 의도를 파악할 때 많이 힘들어했다. "문제를 봤을 때 뭘 묻는지 정확히 알면 쉽게 풀리거든요. 그런데 그게 안 보이면 어려운 거죠. 특히 수학 같은 경우에 기본기가 없으면 뭘 묻는지 파악하는 게 더 어려워요. 그래서 힘들더라고요."

수학이나 다른 과목도 출제 의도를 파악하는 것이 힘들겠지만, 출제 의도를 파악하기 힘든 과목 중에 으뜸은 국어다. 특히 다른 과목에 비해 지문이 길어서 출제 의도를 더 파악하기 힘든 것도 있다. 그렇다면 어떻게 해야 출제자의 의도를 잘 파악할 수 있을까?

우리가 출제자의 의도를 모르고 시험 문제를 자꾸 틀리는 이유 중 하나는 출제자의 의도를 읽으려 하지 않고 자기 생각만 해서다.

공부 '맥락'과 '디테일'이 차이를 만든다 [실전편]

최규원 학생도 그런 경우였다. "제가 고등학교 1학년 모의고사 때 국어 과목에서 한 문제 틀렸거든요? 그런데 왜 틀렸는지 이해를 못 하겠는 거예요. 실제로 답이 4번인가 그랬는데, 저는 아무리 생각해도 3번 같았거든요. 출제 의도랑 제 생각이 달랐던 거죠. 그런데 시험 문제는 출제자의 의도에 맞는 답을 도출해야 하는 거잖아요. 이건 논쟁하는 자리가 아니니까요. 그러니까 여기서는 제 생각보다 출제자의 생각을 파악하는 게 더 중요한 거죠. 전 그걸 놓쳤던 거고요. 하지만 기출문제를 수십 번 풀다 보니까 어느 순간 그 의도가 보이더라고요. 얼핏 봤을 때 답은 4번인데, 출제자는 답이 2번이라고 생각하고 냈구나, 싶은 문제가 보이는 거예요. 그때는 2번으로 타협했죠. 그래서 맞았고요. 출제 의도를 알려면 결국 문제를 많이 풀어봐야 하는 것 같아요." 출제 의도를 파악하기 위해서 다시 기출문제의 중요성이 언급된 순간이다.

시험 시간은 짧기만 한데, 실제 시험을 보는 도중에 출제 의도를 빨리 파악할 수 있는 좋은 방법은 없을까? 국어 같은 경우 지문 자체가 워낙 길다 보니, 문제부터 읽고 그 키워드를 바탕으로 지문을 해석하는 것도 한 가지 방법이다. 그렇게 문제를 풀다 보면, 문단에서 뭘 말하고 싶은지 좀 더 빨리 이해하게 된다. 실제로 윤주일 학생은 수능 시험 때 문제를 먼저 보고 지문을 해석했다. 이영래 학생은 지문에서 키워드를 먼저 표시해두는 방법을 선택했다. "국

194

어나 영어는 지문이 길긴 하지만 사실 그 지문 안에 답이 있어요. 저 같은 경우는 문단을 읽다가 '예를 들어'나 '그러나'에 표시를 해 둬요. 보통 '그러나' 이후가 화자가 진짜 하고 싶은 말이거든요. 그런 부분이 보기로 연결되기 때문에 표시를 잘 해놓으면 나중에 문제 풀 때 도움이 돼요."

시험을 볼 때 출제 의도를 잘 파악하려면 평소 기출문제를 풀 때 문제를 분석하는 습관을 들이면 좋다. 그 훈련이 출제 의도를 파악하는 기본 역량을 높여주기 때문이다. 하형철 학생이 이 공부법을 성실히 수행했다. "출제 의도를 파악하려면 문제를 풀고 그냥 넘어가는 게 아니라, 그 문제를 분석해야 해요. 우리는 보통 틀린 문제만 보고 넘어가기 급급하잖아요. 그런데 사실 맞은 문제도 이걸 어떻게 맞혔는지 알아야 해요. 예를 들어 '다음 보기에서 옳지 않은 것을 찾으시오'라고 묻는 문제를 푸는데, 그 근거를 지문에서 찾잖아요. 왜 정답인지, 저건 왜 정답이 아닌지, 지문의 어떤 부분에서 그 근거를 찾았는지 분석할 수 있어야 해요. 이런 분석 없이는 문제를 잘 풀 수 없어요."

키워드를 도출하고 답의 근거를 찾는 것도 중요하지만, 만점자들이 출제 방향이나 의도를 파악할 때 가장 중요하다고 강조한 것이 하나 있다. 항상 '왜'라고 질문하는 것. 정답의 근거가 무엇인지, 출제자가 어떤 의도로 이 문제를 냈는지 항상 스스로 질문하고 답

공부 '맥락'과 '디테일'이 차이를 만든다 [실전편]

을 찾는 훈련이 필요하다. 그래야 방향을 잃지 않고 정답을 향해 나아갈 수 있다.

가장 확실한 결과를 내는 시험 시간관리

1등은 평소에 공부 습관을 들일 때도 효율적으로 하기 위해 시간관리를 잘한다. 그러나 그들의 시간관리법이 더욱 빛을 발하는 건 '시험을 준비할 때'다. 시험은 주어진 시간 안에 모든 문항을 다 풀어야 하기 때문에, 시험의 전체 시간과 문항 당 투자할 수 있는 예상 시간을 스스로 관리할 수 있느냐 없느냐가 매우 중요하다. 만점자들은 그 시간을 자유자재로 컨트롤할 수 있었기 때문에 수능 만점이라는 결과물을 만들어냈다. 그렇다면 그들은 어떤 방법으로 시험 시간을 관리했을까? 다음 4가지 방법을 소개하고자 한다.

첫 번째, 기출문제를 많이 풀어야 한다. 기출문제를 풀어보는 것은 출제 방향이나 의도를 파악할 때도 강조했던 부분이지만, 시험 시간을 효율적으로 쓰는 데도 매우 중요하다. 기출문제를 풀어서 문제 유형에 익숙해지는 것이야말로 시험 시간을 줄이는 가장 확실한 방법이기 때문이다. 만약 시험을 보는데 익숙한 유형의 문제가 나와 풀이 방법이 저절로 생각나는 상황과 처음 보는 유형의 문제가 나와 그 의도를 파악해야 하는 상황이라면, 무엇이 더 시간을 줄이는 데 유리하겠는가? 당연히 전자다.

강도희 학생 역시 기출문제를 많이 푸는 훈련을 통해 시험 시간 관리를 철저히 했다. "제가 시간관리를 잘할 수 있었던 이유는 기출문제를 진짜 많이 풀었기 때문이에요. 문제 스타일이 너무 달라진 경우만 아니라면 풀 수 있는 기출문제는 다 풀었어요." 참고로, 교육과정평가원 홈페이지에 가면 1994학년도부터 2018학년도까지 모든 수능 기출문제와 정답이 나와 있다. 또 2003~2018학년도 6월까지 총 236건의 수능모의평가 문제와 정답이 게시되어 있으므로 문제지에 대한 걱정은 전혀 하지 않아도 된다.

그래도 문제가 부족하다면 변유선 학생의 팁을 공유할까 한다. "EBS 교재는 정말 중요해요. 일단 문제의 수준이 높다 보니 거기에서도 시험 문제가 많이 나오거든요. 사설 문제집은 문제의 질이 꼭 좋다고만 말할 수 없거든요. 특히 고3 때는 새로운 것보다 그동안 풀어왔던 것 위주로 다시 보면서 점검해야 하는데, 그럴 때 꼭 하나만 봐야 한다면 EBS 교재가 좋죠. 저도 EBS 전년도 교재를 찾아서 공부했거든요. 만약에 전년도나 그 이전의 교재를 구하기가 어렵다면 중고서점에 가서 다 뒤져서 보고요. 그게 진짜 도움이 많이 된 거 같아요."

두 번째, 모의고사를 통해 시간관리를 하는 것도 매우 중요하다.

공부 '맥락'과 '디테일'이 차이를 만든다 [실전편]

기출문제를 그냥 풀기만 하는 것이 아니라 실제 시험을 치르는 상황과 똑같이 만들어놓고 푸는 것이다. 학교에서 정기적으로 치르는 모의고사 외에 혼자 기출문제를 풀 때도 모의고사를 보듯 시간을 재고 빨리 푸는 습관을 들이는 게 확실히 도움이 된다. 몇 문제를 풀더라도 정해진 시간 안에 푸는 연습을 반복하다 보면 시간은 줄어들 수밖에 없다.

변상현 학생은 시험 시간관리를 하고 싶다면 모의고사를 통해 꾸준히 연습하라고 강조했다. "평소에 주어진 시간보다 조금 더 빨리 푸는 연습을 해야 해요. 시험 시간이 100분이면 적어도 10분은 앞당겨서 90분 안에 풀 수 있게요. 그래야 실제 시험장에 가서 100분 안에 풀 수 있으니까요. 시험장에 가면 긴장해서 시간을 훨씬 많이 쓰거든요. 그러니까 평소 모의고사를 볼 때 이런 훈련을 하는 거죠."

시험일에 임박할수록 시험 시간에 똑같이 맞춰 공부하는 것도 하나의 방법이다. 매일매일 수능 시간표대로, 아침부터 국어, 수학, 영어, 사탐이나 과탐 순서대로 시간을 맞춰서 공부하는 것이다. 특히 아침에는 반드시 국어 과목을 공부하는 것이 좋다. 아침부터 긴 지문을 읽는 것이 쉽지 않은데, 수능시간표에 맞춰 공부하다 보면 실제 시험 당일 지문 읽기가 수월해 국어 과목을 잘 볼 확률이 높아진다. 이와 같은 방법을 가장 잘 실행한 사람 중 한 명이 바로 김유진 학생이다.

"시험 시간에 맞춰서 시간관리를 했어요. 수능 몇 달 전부터 수능 시험과 똑같은 일정으로 실전 연습을 했거든요. 수능 시험이 국어, 수학, 영어, 사탐 순서잖아요. 그래서 저도 똑같이 아침 8시 40분에는 국어 공부를 하고, 아침 10시 30분부터는 수학을 하고, 오후 1시 10분부터는 영어를 공부하고 이런 식으로 수능 시간표와 제 공부 일정을 맞췄죠. 혼자서 모의고사 문제를 풀 때도 당연히 실전과 똑같이 하면서 최대한 시간을 줄이려고 노력했던 거 같아요. 그게 확실히 도움이 되더라고요. 처음에는 시간 안에 다 못 풀 때도 많았는데, 지난 7년 동안 나온 기출문제와 모의고사를 풀다 보니까 나중에는 꼼꼼하게 풀어도 어느 정도 시간이 남더라고요."
수능 시험 2~3개월 전부터는 보통 학교 정규 수업이 없기 때문에 김유진 학생처럼 실전에 맞춰 시간관리 연습을 해보면 도움이 될 것이다.

군이 저렇게까지 해야 하나 싶은 생각이 드는 수험생에게 말해주고 싶은 사례가 있다. 서울의 한 학원에서는 실제로 과목과 시간뿐만 아니라 장소마저 수능 시험장과 유사하게 만들어놓고 학생들을 훈련시킨다. 한 달에 한 번씩 날을 잡고 인근 중학교 한 곳을 빌려서 감독관까지 배치한 다음 모의고사를 보는 것이다. 고가임에도 그 효과가 좋아 자리가 없을 정도라고 한다. 군이 이런 학원까지 찾아다닐 필요는 없지만 학교에서 치르는 분기별 모의고사는 잘 활용하면 좋다.

　세 번째, 시험문제를 풀 때 자기만의 순서를 정해야 한다. 1번부터 푸는 것이 무난한 방법이지만 그보다 더 좋은 방법은 본인이 정한 순서대로 푸는 것이다. 이영래 학생 같은 경우 국어 과목을 순서대로 풀지 않았다. "국어 같은 경우 화작문, 비문학, 문학 세 파트가 있는데 배경지식으로 풀 수 있는 화작문부터 풀고, 그다음에 문학, 제일 마지막에 남은 시간을 비문학에 올인해요. 한마디로 문제를 번호 순서대로 풀지 않는 거죠. 일단 화작문이 제일 쉽기 때문에 무조건 빨리 풀어야 하고요. 문학은 EBS와 연계되어 나오는 부분이 많으니까 EBS 교재에 나온 작품들을 꿰고 있으면 아는 지문이 나온단 말이에요. 그래서 지문을 안 읽고 넘어가도 내용을 다 아는 경우가 많기 때문에 문제를 빨리 풀고 정답을 맞힐 확률이 높아요. 시간을 단축하기 아주 좋죠. 그래서 화작문 다음으로 풀고요. 비문학 파트는 변별력 있는 문제가 주로 나오기 때문에 마지막으로 배치해서 그때 시간을 좀 많이 투자해요." 참고로 영어 과목도 EBS 연계 지문이 많이 나오기 때문에 반드시 이 교재를 참고하는 것이 좋다. 그러면 국어 과목과 같은 전략으로 익숙한 지문은 빨리 풀고 상대적으로 더 어려운 지문을 해석하고 문제를 푸는 데 더 많은 시간을 투자하면 된다.

네 번째, 자기만의 순서를 정할 때는 문제 난이도를 고려하는 것이다. 가령 쉬운 문제는 가장 먼저 풀고 어렵거나 안 풀리는 문제는 일단 넘어가는 것이다. 중간에 어려운 문제에 막혀 계속 고민하다 보면 다른 문제에 할애해야 하는 시간을 조절하기가 어렵고, 긴장하게 되어 쉬운 문제도 풀지 못하는 불상사를 겪게 된다. 그래서 쉬운 문제를 다 풀고 그 문제를 해결했다는 자신감을 바탕으로 마지막에 어려운 문제를 푸는 데 올인하는 것이 높은 성적을 받게 될 확률이 높다.

만점자 중 한 수험생은 수학 문제를 풀 때 22번, 23번 문제부터 풀고 다시 1번부터 순서대로 풀기도 했다. 수학 같은 경우 객관식 첫 문항인 1번과 단답형 첫 문항인 22번이 제일 쉬운 문제이기 때문에, 쉬운 문제부터 먼저 해결하는 것이다. 만약 다른 수험생들과 똑같이 1번 문제부터 차례대로 풀기 시작하면 시험지의 첫 장을 풀고 넘기는 다른 수험생들이 신경 쓰여 본인의 페이스가 말릴 수 있기 때문에 이 방법을 썼다고 한다. 이 학생은 출제자가 낸 순서에 휘말리지 않고 난이도를 고려해 자신에게 유리한 순서를 만들어서 만점을 받은 케이스였다.

최규원 학생도 쉬운 문제, 아는 문제 위주로 먼저 풀어야 한다고 강조했다. "쉬운 문제랑 아는 문제부터 확실하게 풀어야 시험을 효율적으로 칠 수 있어요. 가령 수학에서 문제가 어려우면 일단 넘어

공부 '맥락'과 '디테일'이 차이를 만든다 [실전편]

가는 거죠. 모르는 문제는 쉽고 아는 문제를 확실하게 풀고 난 다음에 풀어도 충분하니까요.”

수학 같은 경우 21번, 29번, 30번이 대표적으로 난이도가 높은 문제다. 처음부터 넘길 필요는 없지만 가령 쭉 풀다가 21번에서 막히면 일단 다음 문제로 넘어가는 것이 좋다. 만약 21번 문제에서 '이걸 어떻게 풀지?'라고 지체하는 순간 긴장하게 되고 시간도 부족해진다. 그 시간을 줄이고 평정심을 유지하는 게 시험 시간관리의 핵심이다.

그렇게 넘어갔다가 풀 수 있는 문제를 다 풀고 다시 돌아오면 생각 외로 잘 풀리는 경우가 많다. 실제로 만점자 중에는 21번, 29번, 30번을 처음부터 아예 풀지 않고 28번까지 다 푼 다음 마지막에 푸는 경우도 있었다. 쉬운 문제부터 최대한 빨리 풀어서 어려운 문제에 쓸 시간을 남겨 놓기 위해서다. 그밖에도 수험생 각자가 어려워하는 유형의 문제가 있을 수 있다. 수능 시험 전에 자신이 어려워하거나 시간이 오래 걸리는 유형은 평소 모의고사를 치면서 미리 파악해두었다가 문제 푸는 순서를 조정하는 것이 좋다.

위 4가지 방법만 제대로 따라 해도 여러분의 시험 시간관리는 충분할 것이다. 그런데 시간을 줄이는 데만 집중하다 보면 간혹 실수를 할 때가 있다. 그럴 때를 대비해서 다음 두 학생의 이야기를 꼭 유념했으면 한다. 김현지 학생은 수학 과목을 공부할 때 주의해야 할 점을 알려주었다. "고3 공부의 핵심은 시험 시간을 어떻게 줄이느냐에 달려 있어요. 그러려면 문제를 보고 풀이가 떠오르는 시간을 0.1초라도 줄여야 하는데, 많은 학생이 수식 전개 과정이나 계산하는 시간을 줄이려고 하더라고요. 하지만 이런 부분은 줄이면 오히려 실수가 발생하게 돼요."

하형철 학생은 국어 과목에서 주의해야 할 점을 알려주었다. "실수를 줄이려면 내가 고른 답의 근거를 표시해두는 게 좋아요. 옳지 않은 이유를 찾는 문제일 경우 그 근거가 지문에서 어느 부분에 나와 있는지 밑줄을 쳐놓고 화살표로 이어놓는 거죠. 그리고 나중에 그것만 확인하면 실수를 줄일 수 있죠."

그럼에도 시험 시간관리가 힘들다고 하는 학생에게는 김승덕 학생의 말이 도움이 될 듯하다. "이제는 시계를 보지 않아도 시험 시간을 알아요. 고등학교 3년 동안 문제를 수천, 수만 개 풀었으니까요. 시험을 똑같은 환경으로 만들어놓고 수백 번 봤으니까요. 그렇게 수없이 연습했으니까요."

D-DAY 100일, 30일, 1주일 전략

앞서 1등과 우리의 공부법이 다른 결정적 이유가 시험을 대비하는 효과적인 전략이라고 했다. 그 전략은 공부하는 모든 순간에 적용되어야 하지만 특히 수능 같은 경우 D-100일 전부터 체계적으로 준비하는 것이 좋다.

수능 D-100일 전까지의 모든 공부는 개념을 이해하는 단계라고 보면 된다. 즉 과목별 기본 개념 공부는 당연히 끝났어야 한다는 소리다. 그리고 D-100일부터는 실전 문제 풀이에 집중해야 한다. 따라서 수능을 대비한 공부를 했느냐 안 했느냐, 즉 주요 과목에서 수능 성적을 올릴 수 있느냐 못 올리느냐는 바로 이 시점에 이미 결정 났다고 할 수 있다. 만약 D-100일 전에 개념 이해가 다 안 되어 있으면 솔직히 답이 없다. 이때부터 벼락치기를 준비하는 수험생들이 가끔 있는데 원유석 학생은 이미 늦었다고 단호히 말한다. "공부를 잘하는 사람들은 시험 기간에 안 바빠요. 시험 보기 전에 바쁘죠. 벼락치기 같은 건 안 해요. 만약, 시험이 코앞에 닥쳐서야 바쁘다면 준비를 제대로 못 한 거예요."

수능 D-100일이 되면 이해한 개념을 문제에 적용하는 단계다. 이때는 지금까지 배운 내용을 모의고사, 기출문제에 어떻게 적용시킬 수 있는지 탐구하고 체화하는 시간이다. 보통 수능 시험을 본격적으로 준비하는 때이기도 하며 여러 문제를 풀어보면서 자신이 뭘 모르는지, 뭐가 부족한지 확인하는 시기이기도 하다.

이때는 뭔가 엄청난 성적을 내겠다, 새로운 것을 더 많이 배우겠다는 대단한 목표를 세우기보다는 지금까지 쌓아 온 실력을 다지는 게 중요하다. 지금 자신의 수준에서 무엇을 보완해야 실전에서 더 잘할 수 있을까를 고민하는 것이 우선이다. 그러려면 최소한 3일에 한 번씩은 나만의 모의고사 날을 잡아 기출문제와 모의고사를 풀어보는 것이 좋다.

하형철 학생은 특히 이 시기에 몇 가지 준비할 것이 있다고 덧붙였다. "D-100일이 되면 실전 느낌으로 문제 푸는 연습을 해야 해요. 내가 잘 모르는 것들을 확인하며 부족한 부분을 더 채우고, 시험 시간에 맞춰서 문제를 풀고…. 또 시험장 안에서 일어날 수 있는 모든 일에 철저히 대비하려는 노력이 필요하죠."

수능 D-1달부터는 실전 감각을 끌어올리는 단계다. 이때는 기출문제를 풀 때도 실제 수능 시간표와 똑같은 패턴으로 맞춰서 푸는 것이 좋다. 아침부터 오후까지 시험 시간표대로 문제를 풀고 나면 저녁에는 낮에 풀었던 문제의 오답을 정리하면 된다. 최규원 학생이 이 스케줄을 잘 맞췄다. "실전에 익숙해지려면 아무래도 비슷한 환경을 조성해서 공부하는 게 도움이 되죠. 저도 그래서 수능 시험 시간표에 맞춰 아침부터 국어, 수학, 영어, 사탐을 풀었고, 각 과목별로 시간도 맞춰서 풀었어요."

수능 D-15일 전부터는 자신의 수준을 점검하는 단계이다. 수능 시간표에 맞게 생활 리듬과 환경까지 조정하는 것이 좋다. 특히 이

공부 '맥락'과 '디테일'이 차이를 만든다 [실전편]

때부터는 새로운 문제 풀이는 자제하고, 지금까지 풀었던 걸 반복해서 다시 풀어봄으로써 지금까지 한 공부의 내용을 완전히 자기 것으로 만드는 게 중요하다. 심지환 학생도 이 부분을 강조했다. "시험 보름 전부터는 그동안 했던 공부 내용을 정리하는 거예요. 새로운 걸 하려고 들지 마세요. 머리에 체계를 잡아야 하는 시기거든요."

이 시기에는 공부하면서 중요한 부분을 따로 표기해뒀던 노트를 본다거나 이전에 풀었던 문제 중에서 틀렸거나, 실수했거나, 어려웠던 것들 위주로 복습하는 것이 좋다. 탐구 과목처럼 암기 과목 같은 경우 혹시나 내가 잊어버린 내용이 없는지, 놓친 게 없는지 확인해야 한다. 국어, 영어 과목 같은 경우에는 EBS 교재와 연계되는 내용이 많으므로 그동안 봤던 EBS 교재인 'EBS 수능 특강, 수능 완성, FINAL 실전 모의고사'를 다시 한 번 꼭 확인해야 한다.

수능 D-1주일 전은 끌어올린 감각을 유지하는 단계다. 문제를 많이 푼다고 해서 실력이 향상되는 시기가 아니기 때문에 그보다는 끌어올린 실전 감각을 유지하는 것이 좋다. 감을 잃지 않기 위해 하루에 전 과목 문제를 조금씩 풀어보는 정도가 좋다. 이 시기는 자기가 그동안 쌓아온 실력을 최대한 발휘하기 위해 마지막 준비를 하는 단계다.

이 시기는 실전 감각을 잃지 않는 것도 중요하지만 시험이 코앞으로 다가온 때이기 때문에 심리적으로 불안감을 크게 느끼는 때이기도 하다. 그래서 마인드컨트롤을 하는 것이 무엇보다 중요하다. 이런 때에 흔들리지 않고 마음을 다잡을 수 있는 방법은 없을까?

강석병 학생은 그 답을 이미 알고 있다. "시험 보기 직전인데 교과서 1장부터 넘기고 있을 여유가 어디 있어요. 시험 1주일 전이면 그동안 내가 잘 못 외웠던 거, 이해가 잘 안 되었던 거, 내가 예상한 기출문제 등을 따로 적어둔 노트나 자료 하나 정도만 꾸준히 보는 게 중요해요. 그런 자료를 그동안 공부하면서 미리미리 만들어두면 좋고요. 저는 시험 마지막 주에 뭘 봐야 할지 몰라서 방황하는 친구들을 꽤 많이 봤어요. 그럴 때 자기가 정리해둔 자료를 천천히 보면 심리적인 부분에서 도움이 많이 될 거예요. 제가 그랬거든요."

수능 100일 전, 한 달 전, 보름 전, 1주일 전, 각 시기별로 전략을 잘 짜야 완벽한 시험 대비를 할 수 있다. 시기마다 조금씩 내용은 다르지만 한 가지는 같다. 새로운 것을 배우는 것이 아니라 그동안 배웠던 것을 점검하라는 것, 점차 자신이 공부한 것을 제외한 영역을 점차 버려 나가는 것이다. 버리는 것이 불안한 학생들은 이영래 학생의 말을 기억했으면 한다. "시간이 적게 남을수록 했던 것을 다시 한 번 보는 게 더 중요해지는 거 같아요."

공부 '맥락'과 '디테일'이 차이를 만든다 [실전편]

시험 전날, 범할 수 있는 실수를 점검하라

만점자는 수능 시험 전날 무엇을 할까? 시험이 정말 코앞으로 다가왔는데, 진짜 마지막이라고 생각했을 때 점검해야 하는 것은 무엇일까? 놀랍게도 대부분의 만점자가 한 가지를 꼽았다. 지금까지 정리해 두었던 요약 노트나 오답 노트를 보거나 실전 감각을 잃지 않기 위해 약간의 문제를 풀어보는 등 본인의 실력을 제대로 발휘하기 위해서 최종 점검을 하는 것이었다.

강도희 학생도 수능 전날 그동안 자신의 실수를 정리한 노트 한 권을 보며 제 실력을 발휘하고자 했다. "제가 약간 덜렁거려서 손바닥만 한 수첩에 늘 실수하는 것들을 메모해뒀어요. 예를 들어 수학에서 원 넓이를 구하는 문제가 나왔을 때 반지름을 이용해 풀어야 하는데 지름을 이용해 풀어서 틀렸던, 되게 사소한 실수 같은 것들이요. 그런 실수에 대한 메모를 시험 전날에 쭉 한번 읽어보면 최소한 그 부분은 절대 안 틀렸던 것 같아요. 신기할 정도로요."

시험장에서 제 실력을 발휘하는 것만큼 중요한 것이 바로 실수하지 않는 것이다. '옳지 않은 것을 고르시오.'라고 물었는데 '옳은 것을 고르시오.'라고 잘못 보아 실수했던 경험들, 분명 한 번씩 있을 것이다. 그런 사소한 실수들을 반복하고 싶지 않다면 강도희 학생처럼 노트에 정리해서 마지막에 꼭 다시 점검해보자. 그것을 보고 시험장에 들어가면 정신이 번쩍 들어 그 부분은 실수하지 않게 될 것이다.

실수를 점검하는 일도 중요하지만, 시험 직전에 국영수사과 중 어떤 과목을 더 집중해서 봐야 하는지도 궁금하다. 과연 어떤 과목을 보는 게 더 유리할까?

국영수와 같은 과목보다는 사회탐구 같은 암기 과목이 좋다. 이 승규 학생도 이 말에 동의했다. "시험 전날에는 사회탐구 같은 암기 과목 중 잘 안 외워지는 것들을 중심으로 훑어봤어요. 왜냐하면 국영수처럼 기본기가 중요한 과목은 시험 전날에 보는 것이 의미가 없거든요."

최규원 학생도 그 의견에 힘을 보탰다. "수능 시험 전날에는 국영수 과목에 큰 기대를 하기 어렵기 때문에, 그냥 감각을 유지하는 차원에서 기출문제를 몇 문제 풀어봤고요. 아무래도 암기 과목인 사회탐구 영역은 주요 뼈대를 잡으면서, 제가 기억을 잘 못했던 내용이나 못 풀었던 문제를 위주로 다시 한 번 살펴봤던 거 같아요." 한마디로 국영수는 감각 유지 차원에서 몇 문제 풀어보고, 암기 과목인 사탐에 더 시간을 투자하며 잘 몰랐던 내용 위주로 꼼꼼하게 재확인을 해야 한다는 것이다.

수능 시험 전날 기출문제 풀이를 통해 감을 잡고자 한 학생도 적지 않았다. "시험 고사장에 다녀온 다음에 마지막으로 전회 수능을

209

공부 '맥락'과 '디테일'이 차이를 만든다 [실전편]

처음부터 끝까지 한번 풀어봐요. 이미 많이 풀어봤지만 다시 한 번 풀어보면서 감을 찾는 거죠."라고 김유진 학생이 이야기했다. 이영래 학생도 9월 모의고사 문제를 다시 한 번 풀어보면서 감을 잃지 않기 위해 노력했다고 알려주었다.

수능 시험 전날, 컨디션 관리는 어떻게 해야 할까? 잠은 당연히 일찍 자는 것이 좋다. 수능은 과목도 많고 범위도 넓기 때문에 하루 벼락치기를 한다고 해서 결과가 바뀌지 않는다. 그런데 자기 위안을 삼고 싶은 마음에 이날 밤을 새거나 늦게까지 공부하는 친구들이 있다. 이것이야말로 쥐약이다.

변상현 학생은 수능 전날 컨디션 관리를 위해 공부는 최소한으로 하고 일찍 잠자리에 들었다. "내신은 범위가 적으니까 밤을 샌 적이 좀 있는데, 모의고사나 수능 같은 시험은 밤을 새지 않았어요. 시험 전날에 지금까지 한 것들을 한번 훑어만 보는 거죠."

60만 수험생이 수능 하루 전날 반드시 지켜야 할 주의사항이 한 가지 있다. 이 점은 앞에서도 강조한 바가 있는데, 이때는 새로운 문제를 풀지 않는 것이다. 만약 새로운 문제를 풀었다가 틀려서 불안감이 증폭되거나, 긴장하게 되면 다음 날 실전에서 안 좋은 영향을 받을 수 있다. 하루 전날에는 최대한 긴장을 풀기 위해서, 불안이란 감정의 에너지를 줄이기 위해서 자신이 알고 있던 내용을 복습 정도만 하는 것이 좋다. 이 점은 꼭 기억해두었으면 한다.

많은 학생의 고민 중 하나는 '수능 전날 잠을 못 자면 어떡하지?' 일 것이다. 실제로 만점자조차 저녁 11시에 자려고 누웠는데 잠이 안 와서 새벽 1시에 겨우 잠든 경우나, 긴장감 때문에 새벽에 깬 경우도 많았다. 이승규 학생은 이런 고민을 멋지게 해결했다.

"못 자면 어떡하지? 이런 생각 때문에 불안하진 않았어요. 3시간을 자고 가더라도 의지력으로 버텨서 할 수 있는 거거든요. 제가 고등학교 때 컨디션이 너무 안 좋았는데 의지력으로 버텨서 시험을 잘 본 적이 있었어요. 3시간 자나, 7시간 자나 비슷할 거라는 마음을 갖는 게 중요해요. 그리고 이렇게 생각하고 누워 있으니까 바로 잠이 들던데요? 한 8시간 정도 잔 거 같아요."

지금까지 이야기한 것을 종합해서 잘 지킨 김승덕 학생의 수능 전날 하루 일정을 참고해도 좋다.

"아침에 수험장 다녀와서 10년 동안 출제된 수능 문제들을 뽑아서 쭉 봤어요. 시간이 없는 거 같지만 볼 수 있어요. 왜냐하면 다 수십 번씩 풀어본 문제니까요. 그러고 나서 저녁에는 국사 교과서를 쭉 읽었어요. 그 당시에 변별력을 주려고 국사 문제가 진짜 까다롭게 나왔거든요. 정말 너덜너덜해져 있는, 밑줄 안 쳐진 데가 없는 국사 교과서를 다시 읽었죠. 그리고 일찍 잤어요. 최대한 편안한 마음으로요. 그래야 다음 날 좋은 컨디션으로 시험을 볼 수 있잖아요."

공부 '맥락'과 '디테일'이 차이를 만든다 [실전편]

지금까지 정리한 오답 노트를 봤다는 김현지 학생이나, 감을 잃지 않기 위해 과목별로 몇 문제를 풀어봤다는 김태현 학생이나, 시험 전날에 외울 것만 따로 모아 봤다는 하형철 학생 모두 마지막까지 자신의 실력을 점검하며 공부했지만, 그들은 결코 단 하루의 공부로 성적을 올리고자 욕심 부리지 않았다. 그들은 자신들이 그동안 공부해온 만큼만, 자신의 제 실력을 발휘하기 위해서 끝까지 최선을 다했을 뿐이다.

수능 전날까지 무언가 더 해보겠다고 하는 수험생에게 원유석 학생의 조언을 건네고 싶다. "수능 전날은 정말 마지막이니까 더 배운다는 생각을 안 하는 게 좋아요. 그보다는 지금까지 공부한 것을 다시 상기시키는 게 중요하죠. 그리고 사실 이때는 배울 게 없어야 돼요."

시험 당일, 평소처럼 일어나고 평소처럼 먹어라

수능 시험 치는 날 듣기 시간에는 비행기마저 하늘에 뜨지 않는다. 그만큼 우리나라에서 가장 중요한 날 중 하루이기에 수험생들도 전쟁터에 나가는 기분이 들 수밖에 없다. 수능 시험 당일, 부모님이 고사장에 차로 데려다줄 때 부담을 느끼지 않기 위해 시험에 대해

별다른 말을 하지 말라고 사전에 부탁한 만점자도 있고, 재수하면서 생긴 불안감 때문에 불면증이 생겨 1주일에 3일 정도 수면제를 먹었던 학생도 있었다. 그만큼 수능 당일 학생들은 누구보다 긴장감이 크고 예민하다.

이럴 때 컨디션 조절을 위해 학생들이 준비해야 할 것이 있을까? 딱히 특별한 것이 있는 건 아니다. 이것 딱 한 가지만 명심하면 된다. '시험 당일은 평소처럼 일어나고 평소처럼 먹어라.'

만점자들조차 시험 당일은 긴장하기 때문에 쉽게 목이 메어 점심을 절반밖에 못 먹는 경우가 많았다. 평소에 자신이 좋아하고 맛있는 것 위주로 도시락을 싸도 긴장하고 진이 빠지니까 입맛이 없어지는 것이다. 그렇기 때문에 귤이랑 초콜릿 같은 간식을 조금씩 챙겨가거나 평소에 루틴처럼 먹었던 음식을 똑같이 먹는 것이 좋다.

변유선 학생의 김밥이 바로 그랬다. "모의고사 때 몇 번 김밥을 먹었는데 든든하고 잘 맞더라고요. 그러고 나서 고등학교 3년 내내 모의고사 볼 때마다 엄마가 항상 김밥을 싸주셨어요. 그래서 시험 당일도 김밥을 먹고 든든하게 문제를 잘 풀 수 있었어요."

하형철 학생도 이와 마찬가지였다. "저는 장이 좀 안 좋았거든요. 그래서 속이 불편할까 봐 한 달 정도 전부터 아침에 죽을 먹었고, 수능 당일에도 죽만 싸갔어요." 하형철 학생처럼 시험 당일 죽을 먹은 만점자는 꽤 많았다.

공부 '맥락'과 '디테일'이 차이를 만든다 [실전편]

이와 같은 이들은 식사 때문에 몸에서 일어날 수 있는 변수를 최대한 없애려고 노력했다. 가장 좋은 컨디션으로 가장 익숙한 느낌으로 시험을 쳐야 자신의 역량이 100% 나올 수 있기 때문이다. 심지어 수능 두 달 전부터 감기에 걸릴까 봐 아이스크림도 안 먹었다는 수험생도 있었다.

이런 사소한 것조차 신경 쓴 수험생을 보며 누군가는 유별나다고 생각할지 모르지만, 초등학교 6년, 중학교 3년, 고등학교 3년, 총 12년 동안 노력했던 시간을 검증하고 결과물을 내야 하는 날이기 때문에 이 정도 준비는 어쩌면 너무나도 당연한 것일지 모른다. 수능이라고 해서 다른 행동을 하지 않고 평소처럼 밥을 먹고, 잠을 자고, 공부를 하는 것은 지극히 당연한 자기 관리다.

혹시 모를 변수에 대비한 학생도 있었다. 김학성 학생은 수능 전날 잠이 안 올 경우를 대비해서 미리 모의고사를 잠이 부족한 상태에서 치렀다. "수능 날 컨디션 관리가 안 될까 봐 걱정되잖아요. 그래서 전 6월 모의고사 때 일부러 잠을 3~4시간밖에 안 자고 한 번 쳐봤어요. 수능 전날에 긴장이 돼서 잠을 못 잘 수도 있는데, 이런 상황에 대한 대비도 돼 있어야 한다고 생각했거든요. 다행스럽게도 3시간만 자고 시험을 쳤는데도 졸지 않고 잘 봤어요. 그렇게 어떤 상황이 오더라도 시험을 잘 볼 수 있겠다는 자신감이 생기니까 오히려 시험 전날 잠이 잘 오더라고요."

비슷한 예로 긴장을 너무 하는 수험생이라면 시험 당일에 우황청심환을 먹을 수도 있다. 다만 수능 당일에 우황청심환을 먹을 계획이라면, 모의고사 때도 먹어보고 자신의 컨디션이 괜찮은지 미리 점검해보는 것이 좋다. 사전 점검 없이 갑작스레 수능 당일에 우황청심환을 먹으면 몸이 어떻게 받아들일지 아무도 모르기 때문이다. 실제로 면접 때도 떨림을 줄이기 위해 우황청심환을 먹었다가 심장이 더 두근거리고 몸이 아파서 좋지 않은 결과를 낸 사람도 있었다.

그리고 여성들은 생리에 대한 고민도 많은데, 이에 대해 변유선 학생이 명쾌한 답을 내려줬다. "수능 전에 피임약을 먹는 애들이 있어요. 그런데 이 약도 사전에 먹어봤으면 상관없지만, 갑작스레 수능 당일에 먹는 건 좋지 않아요. 혹시라도 부작용이 있을 수 있잖아요. 그래서 수능 때 먹을 거면 미리 한 번 먹어보는 게 좋을 거 같아요."

이렇게 미리 대비를 해도 긴장을 많이 하는 날이기 때문에 원하는 만큼 최상의 컨디션이 안 나올 수도 있다. 오히려 평소보다 컨디션이 좋지 않을지도 모른다는 사실을 어느 정도 인정하는 것이 더 나을지도 모른다. 그럼에도 불구하고 좋지 않은 컨디션을 그나마 잘 유지하려면 어떻게 해야 할까? 김동만 학생은 그에 대한 답을 가지고 있었다. "저는 현역 때 감기 때문에 컨디션이 좋지 않았

공부 '맥락'과 '디테일'이 차이를 만든다 [실전편]

어요. 재수할 때도 감기에 심하게 걸려서 아침에 열이 38도까지 올라갔고요. 제 나름대로 철저하게 준비했었는데, 그 계절만 되면 잔병치레가 잦아서 전략을 바꿀 수밖에 없었어요. 최상의 컨디션을 끌어올리는 데 집중했다기보다 컨디션이 안 좋아도 시험을 잘 볼 수 있도록 준비를 한 거죠.

시험장에 가면 누구나 떨잖아요. 그런데 똑같이 떨어도 평소보다 시험을 잘 본 사람이 있고, 시험을 망친 학생이 있어요. 수능이라는 것은 100점이라는 상한선이 있는 시험이잖아요. 컨디션에 따라서 80점에서 100점까지 기량 변화가 생길 수 있다면, 제일 밑에 있는 성적을 끌어올려서 100점이 넘을 때까지 공부하면 되는 거잖아요. 정말 준비가 되어 있으면 어떤 어려움이 닥쳐도 절대 배신당하지 않는다고 생각해요."

천재지변으로 수능 연기를 경험한 한 학생도 김동만 학생과 같은 믿음을 가지고 있었다. "저희 때 수능이 1주일 연기됐어요. 1주일을 또 수험생활을 해야 한다고 생각하니까 너무 힘들더라고요. 더군다나 바뀐 수능 당일이 생리 시작한 지 이틀째 되는 날이었거든요. 그 사실을 맞닥뜨리자마자 너무 서러운 거예요. 전 원래 벗어날 줄 알고 있었는데 갑자기 1주일이 연기되면서 딱 걸려버린 거죠. 솔직히 좀 많이 울었어요.

그런데 그때 김연아 선수 영상이 도움이 됐어요. 어떤 환경에서든 정말 대담하게 잘 해내는 경기 영상을 보면서 제 생각을 바꿨어요. '나도 아프더라도 잘할 수 있고, 어떤 상황이 오던 간에 수능을 잘 칠 수 있다.'라고 계속 스스로 세뇌한 거죠."

시험장에 최상의 컨디션으로 가기는 어렵다. 엄청난 긴장감과 압박감을 받는데 어떻게 최고의 상태로 시험을 치르겠는가. 또 때때로 천재지변이 우리의 앞을 가로막을 수도 있다. 그때마다 우리는 두 가지를 명심해야 한다.

최선이 아니라도 차선의 컨디션을 만들기 위해서 노력할 것. 그러려면 수능 시험을 보기 전 길게는 6개월, 짧게는 1~2개월 정도는 완전히 수능 당일과 똑같은 패턴으로 일상을 보내는 것이 좋다. 또 어떤 상황에서든 스스로를 굳게 믿어주는 것. 최악의 컨디션이라도 좋은 성적을 받을 수 있다는 실력과 믿음이 있어야 실전에서 버틸 수 있다.

긴장감을 떨어뜨리는 방법

실수할까 봐, 모르는 문제가 나올까 봐, 시간이 부족할까 봐…. 아무리 마음을 고쳐먹고 담대하게 생각해도 전혀 긴장하지 않을 수는 없다. 왜냐하면 단 한 번의 기회이기 때문이다. 중요한 시험을

공부 '맥락'과 '디테일'이 차이를 만든다 [실전편]

앞두고 긴장감을 조절하는 방법은 정말 없는 것일까? 김유진 학생은 시험장에서 긴장을 풀기 위해 시험 보기 전에 껌을 씹는 루틴을 만들기도 했다. 그렇다면 다른 만점자들은 어떤 방법으로 시험장에서 긴장을 풀고 편하게 시험을 치렀던 것일까?

만점자들이 긴장감을 떨어뜨렸던 대표적인 방법 중 하나는 바로 수능 시험 전까지 최선을 다했던 '과정' 그 자체다. 좀 뻔한 이야기일 수도 있지만 그 과정이 쌓이고 쌓여 만든 자신감이 시험 당일 긴장감을 뛰어넘게 해줬다. 최규원 학생이 이를 경험했다.

"수험생에게 가장 힘든 것은 내가 이만큼 노력했는데 좋은 성적을 받지 못하면 어떡하지? 이런 불안감이거든요. 저도 시험 결과가 좋지 않아 무너지는 제 모습을 상상할 때마다 무서웠어요. 그런데 그런 불안감을 없앨 수 있는 방법은 딱 하나뿐이에요. 실력이요. 자기 실력에 대한 확신이 그 두려움을 이기게 해줘요. 그런 확신과 실력을 가지려면 오랫동안 부단히 노력해야 하고요. 노력하는 과정에서 최선을 다했다면, 아무리 긴장하더라도 이겨내고 좋은 성적을 거둘 수 있으리라 생각해요. 공부는 겸손한 태도로 최대한 노력하고, 시험장에서는 자신감이 가득 찬 상태로 보는 게 좋아요."

수능은 지금까지의 교과 과정을 수학한 능력을 평가하는 시험이다. 물론 난이도에 따라 손대기 쉽지 않은 문제가 나올 수도 있다. 하지만 만약 자신감이 있다면 '나만 못 풀면 어쩌지?'가 아니라 '내가 못 풀면 다른 사람도 못 풀 것이다.' '내가 못 풀고 다른 학생도 못 푸는 문제라면 수능 시험에 나올 리 없으므로 나는 반드시 풀 수 있다.'라고 생각하기 마련이다. 이런 자신감은 시험 전반에 걸쳐 큰 영향력을 행사하며 시험의 결과를 바꿔놓는다.

이승규 학생도 자신감을 통해 두려움을 극복했다. "수능이 한 달 정도 남게 되면 '여기서 뭐가 달라지겠어?'라며 공부를 포기하는 친구들이 생각보다 많아요. 그래서 PC방이나 만화방에 가서 놀다 가 갑자기 수능 전날이 되면 불안해서 '내가 왜 놀았지, 좀만 더 공부할 걸.' 후회하죠. 진짜 안타까워요. 반면에 저는 수능 전날까지 진짜 최선을 다했어요. 스스로 생각해도 후회가 안 남을 정도로요. '공부를 더 할 걸.' 이런 미련조차도 없었고, 진인사대천명이니까 이제 하늘의 뜻을 기다리자고 마음먹었죠. 그랬더니 두려울 게 없더라고요. 또 최선을 다한 나 자신에게 확신이 있으니까 불안하지도 않았고요."

윤도현 학생에게도 늘 최선을 다해 공부하던 시간 그 자체가 긴장감을 떨쳐내는 데 큰 도움이 되었다. "제가 중학교 때 수학을 좀 못했어요. 그 성적이 고등학교 1학년 1학기까지 계속되다 보니까, 실패가 학습이 되더라고요. 시험만 보면 두근두근 떨리고 머릿속이 하얘지는 거예요. 우황청심환을 먹어도 안 되더라고요. 그래서 고등학교 1학년 2학기 때 성적을 바꾸려고 진짜 미친 듯이 공부했어요. 오답 노트까지 만들어서 그것만 5~6번 정도는 본 거 같아요. '오답 노트를 더 보면 토할 거 같다.'라는 생각이 들 정도로요. 그랬더니 시험 문제에 아는 것이 보이고, 긴장해서 떨리기보다 자신감이 생기더라고요. 그다음부터 두려움이 없어지고 담대해졌죠. 본인이 트라우마를 가지고 있는 시험이라면 대담함을 느낄 정도로 공부해야 할 거 같아요. 시험장에서의 자신감이라는 건, 시험장에 들어가기 전에 만들어지는 거니까요."

결국 시험 당일 두려움을 극복하려면, 무엇보다 그 시험을 준비하는 과정 내내 최선을 다하는 것이 매우 중요하다. 스스로 준비가 잘 돼 있다고 생각하면 그만큼 좋은 성적이 나오는 거고, 스스로 생각하기에도 준비가 부족하다고 생각되면 불안해서 좋은 성적이 나오지 않는 것이다.

공부를 많이 한 수험생이 시험을 앞두고 갑자기 불안해하면, 이 말을 꼭 해주고 싶다. 공부하는 과정에서 최선을 다했다면 지금까지 당신이 한 공부 내용은 반드시 머리에 잘 남아 있다고. 그러니 자신감을 가지라고. 남은 건 시험장에 가서 떨지 않고 좋은 결과를 내는 일뿐이라고 말이다.

만점자들이 긴장감을 떨치기 위해 썼던 두 번째 방법은 마음가짐을 편안히 하는 것이다. 이경훈 학생은 편안한 마음가짐이 시험 볼 때 얼마나 중요한지 한 번 더 강조했다.

"공부를 열심히 하는 것과 시험을 봐서 좋은 결과를 내는 것은 조금 다른 이야기인 거 같아요. 실전에서 느끼는 두려움이 클수록 그게 본인에게 독이 돼요. 실력이 있어도 긴장하고 두려워하면 실수가 나오거든요. 그런 순간이 가장 억울하죠. 그래서 시험장에서 편안한 마음을 가지는 것이 아주 중요해요. 물론 편안하게 마음먹기가 쉽지 않다는 거 알아요.

제가 추천 드리는 방법은 이게 마지막 기회라는 생각을 버리는 거예요. 저는 수험생활 내내 '여기서 실패해도 다음 기회가 있다.' 고 의식적으로 계속 생각했어요. 모의고사를 볼 때는 '이걸 좀 못 봐도 수능 잘 보면 되니까.'라고 생각하고, 수능 시험장에 들어갈 때는 '이걸 좀 못 봐도 수시로 붙으면 되지.'라고 생각했어요. 물론 마음 깊은 곳에선 그렇지 않다는 걸 알고 있지만, 의식적으로 생각하는 것만으로도 마음이 좀 편해지더라고요.

이렇게 생각하면 자만해서 실수하게 되지 않을까라고 생각할 수도 있는데, 큰 시험에선 자만으로 인한 역효과보단, 편안함을 통해 불안감을 없애주는 효과가 더 큰 거 같아요."

실제로 만점자 중에서도 "뭐, 이번 시험에서 좋은 결과를 얻지 못하면 한 번 더 하는 거죠. 그런 생각을 해서 별로 불안해하지 않았던 것 같아요."라고 대답한 경우가 많았다. 김현지 학생도 시험 당일 수험장에 가면서 한 가지 생각만 했다고 한다. '못해도 괜찮

221

공부 '맥락'과 '디테일'이 차이를 만든다 [실전편]

아. 재수해도 괜찮아.'라고 말이다.

이름을 밝힐 수 없는 한 만점자는 모의고사 때 했던 독특한 경험 덕분에 수능 시험을 잘 볼 수 있었다고 했다. "고등학교 3학년 때 9월 모의고사를 못 봤어요. 전 과목에서 1~2개씩 더 틀렸거든요. 그전까지는 항상 성적이 올랐는데 갑자기 떨어지니까 불안하더라고요. 남은 모의고사는 10월 모의고사 딱 하나였는데, 이 모의고사를 잘 봐야 수능도 잘 볼 수 있을 거 같은 거예요. 그래서 스트레스를 가장 크게 받으면서 봤던 시험이 10월 모의고사였던 거 같아요.

그래서 정말 좋은 컨디션을 유지하기 위해 시험 전날 일찍 자야겠다고 생각했는데, 새벽에 갑자기 몽정을 한 거예요. 그렇게 깨니까 스트레스 받고 너무 짜증나는 거예요. 어쨌거나 다시 자려고 누웠다가 아침에 일어났는데, 자꾸 막 내가 못 보는 거 아닌가 싶잖아요. 그래도 시험장에 가서 최대한 마음 편히 봐야 된다는 생각에 마인드컨트롤을 하면서 평소보다 더 태연한 척하려고 노력했던 거 같아요.

다행스럽게도 시험을 굉장히 잘 봤고, 그게 수능 시험 때도 이어졌던 거 같아요. 나중에 생각해보니 웃기기도 하고, 앞으로 무슨 일이 일어나도 괜찮을 거 같은 생각도 들더라고요. 수능 날에도 그런 마음이었던 것 같아요."

하형철 학생은 긴장하지 않으려면 실수를 하지 않아야 한다고 말했다. "평소에는 그렇지 않은데, 시험 때 옳은 거 고르라고 하면 옳지 않은 거 고르고, 옳지 않은 거 고르라고 하면 옳은 걸 고르는 경우가 있더라고요. 시간에 쫓기다 보니까 긴장해서 그런 거겠죠. 그래서 옳은 거 고르라고 하면 문제 옆에 동그라미를 치고 시작하고, 옳지 않은 거 고르라고 하면 엑스를 표시하고 시작했어요. 그런 식으로 본인이 자주하는 실수를 파악해서 줄이려고 노력하면 긴장감도 자연스레 줄어들지 않을까요?"

누구나 시험을 앞두고 생각 이상으로 좋은 결과를 얻기를 바란다. 하지만 허황된 꿈보다 자신이 노력한 만큼이라도 결과를 얻고 싶다면 긴장감 관리는 필수일 수밖에 없다. 그렇다면 어떻게 해야 긴장감을 조절하고 실수를 줄여서 좋은 결과를 얻을 수 있을까?

정답은 바로 평소에 치르는 모의고사에 달려 있다. 수많은 모의고사와 유사한 사설 시험을 통해 시험에 익숙해져서 시험 당일 편안한 상태를 유지하는 것이다. 변유선 학생이 이 방법으로 훈련해 효과를 보았다.

"저는 모의고사나 사설 시험을 볼 때 덜덜 떨 정도로 긴장을 했어요. 그래서 심적으로 되게 힘들었는데, 평소 문제를 많이 풀어서 그 과정에 익숙해져 있다 보니 수능 당일 긴장을 하더라도 손이 알아서 움직이더라고요. 그래서 습관을 들이고 반복 훈련하는 게 진짜 중요한 것 같아요."

공부 '맥락'과 '디테일'이 차이를 만든다 [실전편]

시험 당일 쉬는 시간, 완벽히 활용하기

중요한 시험인데, 여러 과목을 봐야 하는 상황이라면 과목과 과목 사이에 어떤 준비를 해야 할까? 많은 사람이 아마 시험 당일 쉬는 시간을 어떻게 활용해야 하는지도 궁금할 것이다. 그렇다면 만점자들은 수능 시험 당일, 쉬는 시간을 어떻게 보냈을까?

수능 시험 시간표에 따르면 중식 시간까지 포함해서 휴식 시간은 약 2시간 정도다. 만점자들의 대답을 먼저 말해주자면, 그들은 쉬는 시간에 뭔가 다른 일을 많이 하지 않았다. 그들이 쉬는 시간에 하는 일은 크게 5가지 정도다.

만점자의 수능 시험 당일 쉬는 시간 활동

쉬는 시간 활동	비율
휴식	43.3%
다음 과목 문제 풀이	33.3%
오답 및 실수 노트 확인	10%
요약본 확인	6.7%
친구들과 대화	6.7%

만점자들의 대답에 따르면 휴식과 다음 과목을 대비해 문제 풀이를 보는 것이 다른 활동보다 많았고, 그다음이 오답 노트, 요약

본, 친구들과의 대화 순이었다. 방법과 그 비중은 조금씩 다르나, 이런 행위를 하는 목적은 모두 같았다. 바로 긴장하지 않기 위해서 뭔가를 하는 것이었다.

긴장하지 않기 위해서 휴식을 취한 사람이 가장 많았는데, 이승규 학생이 대표적인 수험생이었다. "저는 시험 당일 쉬는 시간에 아무것도 안 했어요. 아침부터 책을 보는 친구들이 많았는데, 사실 전 이해가 안 됐어요. 수능 시험 당일에 급하게 본다고 해서 그게 나오는 것도 아니거든요. 저는 책상에 수험표랑 펜 딱 하나만 두고 아무것도 없이 그냥 가만히 앉아 있었거든요. 책을 보면 오히려 제가 모르는 게 나올까 봐, 그러면 더 불안할 거 같더라고요. 완벽한 공부란 없으니까요. 불안해하면서 시험을 치르기보다는 그냥 마음 편히 지금껏 한 만큼만 하자라는 식으로 생각하고 시험에 임했던 것 같아요."

다음 과목 시험에 좀 더 잘 적응하기 위해서 문제 풀이를 했던 김승덕 학생은 다음과 같이 말했다. "시험 과목에 적합한 뇌를 만들어야 해요. 국어 시험 전에는 준비해 간 문학, 비문학 지문을 몇 가지 풀어보고, 수학 시험 전에는 2~3가지 수학 문제를 풀어보고, 영어 시험 전에는 독해 1문제를 풀거나, 듣기 1문제를 들어봤어요. 과목별로 준비해 간 문제들을 풀어보면서 다음 과목에 최적화된 뇌로 바꾸는 거죠. 국어 문제 풀다가 갑자기 영어 문제 풀면 잘 안

공부 '맥락'과 '디테일'이 차이를 만든다 [실전편]

되거든요. 뇌를 미리 워밍업시켜놓는 거죠."

이 의견에 최규원 학생도 동의했다. "쉬는 시간에는 머리 회전에 도움을 주기 위해서 중간중간 초콜릿을 조금씩 먹었고요. 다음 과목에 해당하는 문제를 한두 문제 정도 풀었던 거 같아요. 다음 시험의 감각을 끌어올리기 위해서요." 자동차의 시동을 켜고 운행하기 전 60초의 예열 시간을 가지는 게 엔진에 좋듯이, 우리가 시험장에서 문제를 풀 때도 예열하는 시간이 필요하다. 시험 전 쉬는 시간에 다음 과목의 기출문제를 1~2문제 푸는 것이 바로 그것이다. 그렇게 예열하는 시간을 통해서 긴장감을 풀어주면 뇌는 자연스레 다음 과목에 맞게 최적화된다.

기출문제를 풀어보든 휴식을 취하든 어떤 것을 해도 좋다. 실제로 친한 친구와 고사장이 겹쳐서 쉬는 시간에 대화를 하며 시간을 보낸 학생도 있었다. 오히려 그 학생은 자신의 학교에서 시험 치는 기분이 들어서 긴장이 확 풀려 만점을 받았다고 했다.

이런 행동을 할 때 주의해야 할 것이 있다. 이 모든 행위는 무언가를 새롭게 익히기 위해서 하는 것이 아니라 긴장감을 풀기 위해서라는 것이다. 수능 시험 당일 쉬는 시간에 보려고 그동안 실수했던 것을 모아둔 노트 한 장을 가져갔다는 이경훈 학생이나, 그동안 모아놓은 오답 노트를 다시 한 번 점검하던 김현지 학생, 기존에 풀었던 기출문제 중에 쉬운 문제들만 골라서 풀면서 자신감을 높였다던 서장원 학생 등 방식은 달랐으나, 이렇게 행동한 목적은 같았다. 같은 실수를 반복하지 않기 위해서, 자신의 실력을 모두 발휘하기 위해서, 자신이 가장 안정감을 느낄 수 있는 행동으로 긴장감을 해소하려고 한 것이다. 그러니 중요한 시험 당일, 쉬는 시간에 뭘 해야 할지 고민이라면, 여러분의 자신감을 최고로 높여주거나 긴장감을 줄여주는 간단한 행동 한 가지를 해보길 추천한다.

공부 '맥락'과 '디테일'이 차이를 만든다 [실전편]

시험 D-DAY를 준비하는 과정

수능이나 국가고시처럼 중요한 시험을 앞두고 있다면, 다음 시기별 전략을 참고하라. 다음과 같이 세부적으로 시기를 나눠 계획하는 것도 시험을 효과적으로 대비하는 좋은 전략이다.

1. 시험 100일 전, 실전 문제 풀이 돌입

- 개념은 완성, 이때부터는 실전 문제 풀이에 집중하라.
- 기출문제를 통해 취약한 점을 찾아 보완하라.
- 3일에 1번씩은 모의고사 문제를 반복해서 풀어라.

2. 시험 30일 전, 시간표도 실전처럼!

- 수능처럼 정해진 시험 시간표가 있다면

  그것과 똑같이 과목을 배치해서 실전 감각을 끌어올려라.

3. 시험 15일 전, 풀었던 문제 무한 반복

- 생활리듬과 환경까지 시험 시간표에 맞춰라.
- 새로운 문제를 풀기보다 풀었던 문제를 반복하라.

4. 시험 1주일 전, 전 과목 문제를 조금씩만!

- 과목이 여러 가지일 경우 전 과목 문제를 조금씩 풀어서
  실전 감각을 유지하는 데 집중하라.

5. 시험 하루 전, 암기 과목 중심으로 마지막 점검

- 수능의 경우 국영수보다 암기 과목을 보며 점검하라.
- 기출문제 풀이로 마지막 시험 감각을 점검하라.
- 30분에서 1시간 정도 일찍 잠자리에 든다.

6. 수능 당일, 120% 컨디션 관리

- 쉬는 시간은 긴장을 푸는 데 집중하라.
- 평소에 먹던 음식 중 소화가 잘 되는 것을 선택하라.

합격과 불합격 사이에서 불안한 우리들에게

지난 몇 개월 동안 만점자 30명과 함께했던 시간들이 생각난다. 무엇보다 힘들었던 것은 글을 쓰는 것도, 그들과 인터뷰를 하는 것도 아니었다. 외부에 신분이 밝혀지지 않은 그들을 찾아내는 일이었다. SNS를 통해 그들을 수소문하고 서울대, 연세대, 고려대의 여러 학과 사무실을 찾아가는 등 할 수 있는 모든 방법을 동원했다. 그리고 겨우 그들 모두를 만날 수 있었다.

그들의 공부법에 대해 인터뷰하면서 나는 이 책에 '조금 더 현명하게, 조금 더 즐겁게, 조금 더 오래도록' 공부할 수 있는 노하우를 담고 싶었다. 할 수 있다면 지금의 수험생들에게 현실적으로 가장 도움이 될 만한, 완벽한 공부법을 알려주고 싶었다. 그리고 마침내 그 실마리를 찾을 수 있었다. 공부를 잘하기 위한 전제 조건인 목표, 그 목표를 이루기 위해서 끈기를 가지고 시간을 투자하는 습관, 똑같은 시간도 최대한 효율적으로 써서 효과를 높이는 집중력, 언제든지 변하기 마련인 환경을 통제하는 힘, 이 요소들을 바탕으로 찾아내는 시험의 패턴. 그들이 말하는 공부의 핵심은 이 5가지로 설명할 수 있으며, 이를 자신의 것으로 만들 수 있을 때 비로소 공부를 잘하게 된다.

그러나 좀 더 욕심을 부리자면, 당신이 이 책을 다 읽고 났을 때 이런 실용적인 공부법 말고도 만점자 한 사람 한 사람이 걸어온 공부의 길이, 그들의 절박함이, 부단한 노력의 힘이 당신의 가슴에 더 오래도록 남기를 바란다. 그래서 '세상에 완벽한 공부법이 어디 있어?' '똑똑하고 1등만 한 애들이니까, 나와는 다른 리그에서 뛰는 사람들이니까.'라고 선을 긋기 바빴던 당신에게 노력의 힘으로 만들어가는 당신만의 공부의 길이 얼마나 값지고 의미 있는 일인지 조금은 전해지길 바란다.

《1등은 당신처럼 공부하지 않았다》라는 이 책의 메시지가 때로는 당신을 아프게 하더라도 '인생에서 한 번쯤 공부를 해봐야 한다면 바로 지금이다. 여기서 끝장을 내보겠다.'라는 도전의식을 불러일으키는 긍정적인 동기부여로 다가가길 바란다. 그래서 당신이 끝까지 포기하지 않고 공부에 매진하여 시간이 한참 흘렀을 때 "나에게, 누구에게도 부끄럽지 않을 만큼 그 시절에 최선을 다했다."라고 멋지게 말할 수 있기를 바란다.

모두에게 맞는 기성복 같은 공부법이란 세상에 존재하지 않는다. 만점자들의 공부법을 무작정 따라 해보면서 시작했어도 결국 그 과정이 쌓여 당신 스스로 자신에게 맞는 맞춤복 같은 공부법을 찾아갈 수 있도록 돕는 길잡이가 된다면, 이 책의 효용 가치는 그것으로 충분하다.

물론 좋은 길잡이가 있어도 그 길을 묵묵히 걸어가기란 쉽지 않다는 것을 안다. 열심히 해도 성적이 안 나오면 자신감이 사라지고 주춤하게 될 테니까 말이다. 아마 매번 합격과 불합격 사이에서 불안하고, 외롭고, 힘들어할 때도 있을 것이다. 만점자 또한 그랬다. 수능 만점을 받고 앞으로 힘든 일은 절대 없을 거 같은 인생도, 매번 바람에 흔들리는 촛불처럼 불안해야 했다.

만점을 받고 탄탄대로일 것 같았던 하형철 학생은 행정고시를 준비하면서 무서웠다고 고백했다. "행시 때 1차에 합격하고 2차를 한참 준비할 때 잠을 자려고 누웠는데, 갑자기 너무 무섭더라고요. '내가 이걸 할 수 있을까?' 그런 생각이 들었거든요. 제가 울거나 하는 성격이 아닌데, 그냥 갑자기 눈물이 나더라고요. 그래도 다음 날 아침에 일어나 늘 하듯이 공부를 했어요. 그 순간 제가 인생에서 할 수 있는 최선의 노력은 공부였거든요."

이미 한번 성공한 수능 만점자들도 여전히 불안해하고 있었다. 하지만 이 책에 나오는 만점자들은 자신이 택한 공부의 길을 계속 걸었다. 불안할지언정 그 길을 걷는 것을 멈추지는 않았다. 까마득한 길이더라도 그 끝에 자신이 목표한 바가 있다고 믿으며 오늘도 책상 앞에 앉기를 두려워하지 않았다. 그러다 그 불안함에 딱지가 져 좀 더 잘 버틸 수 있었던 것은 아닐까? 그렇게 자기 인생을 공부라는 방식으로 멋지게 책임지고 있는 그들은 평범하지만 평범하지 않고, 누구보다 특별하다. 그리고 당신도 반드시 특별해질 수 있다.

공부는 인생의 전부가 아니다. 하지만, 대한민국에 태어난 이상 공부라는 게 고등학교 시절에 피할 수 있는 건 아니라는 사실만큼은 명심했으면 한다. 어차피 피할 수 없는 녀석이 '공부'라면 이 순간 당신에게 주어진 '공부'라는 녀석을 멋지게 뛰어넘어보는 건 어떨까. 당신이라면 할 수 있다고 나는 확신한다.

마지막으로 인터뷰를 하고 글을 쓸 때 너무 힘들어서 포기하고 싶을 때마다 옆에서 격려해준 나의 친구 현열이와 정재, 재웅, 병두, 효영이, 욱이형, 하늘에서 내게 용기를 주신 어머니에게, 끝으로 나와 함께 이 책을 만들어 준 수능 만점자 30명 모두에게 감사의 인사를 보낸다.

'나만 아는'
과목별 공부법

1. 국어 공부법

(1) 지문 읽기

문제가 아닌 지문을 먼저 읽어라.	❶ 왜 이런 문제와 보기가 만들어졌는지 분석.
▼	
문단별 핵심 메시지를 요약하라.	❷ 문단마다 중요 문장에 밑줄, 요약한 다음 그 글을 도식화하면 지문 전체를 관통하는 핵심 메시지를 찾을 수 있음.
▼	
'그러나' '그런데' '하지만'을 찾아라.	❸ 역접 접속사 뒤에 오는 글이 핵심. *비문학의 경우 교묘하게 바꾼 다른 말 찾기.
▼	
지문 속 공식을 찾아라.	❹ 답의 근거가 되는 부분에 밑줄, 그 부분을 화살표로 이어 핵심 논리를 파악.
▼	
문제와 보기를 객관적으로 분석하라.	❺ 정답을 제외한 보기가 왜 답이 아닌지 분석.

(2) 어휘력 단련하기

❶ 문제를 풀 때 모르는 단어가 나오면 뜻을 찾아 정리하라.

❷ 평소에 문학 작품을 많이 읽어라. (문학 지문을 유추할 때 도움)

❸ 다양한 분야의 독서를 하라. (비문학 배경지식 쌓는 데 유리)

❹ SNS에 게시된 비문, 맞춤법이 잘못된 글을 피하라.

2. 영어 공부법

(1) 다양한 장르의 콘텐츠를 활용하라

❶ 소설, 영화, 드라마를 활용해 자주 듣고 보고 말하라.

(2) 문법보다 단어 외우기에 집중하라

❶ 운동선수가 운동하듯 매일 일정한 양의 단어를 외워라.

❷ 철자보다는 발음과 그 의미를 파악하는 데 집중하라.

(3) 의미를 연상하여 단어를 암기하라

fire extinguisher : 소화기

❶ 영단어의 발음을 한국어 발음 그대로 옮긴다.

extinguisher → 익스팅귀셔

❷ 변형된 발음으로 의미를 연상할 수 있게 문장을 만든다.

extinguisher → 익스팅귀셔 → 익스땡겨서

→ 소화기를 땡겨서 불을 끈다(익스땡겨서)

(4) 문장에서 '주어' '동사' '목적어'를 찾아라

❶ 문장 구조가 복잡한 지문일수록 단순화해야 한다.

❷ 주어, 동사, 목적어로 최소한의 정보를 알아내면 맥락으로 해석할 수 있다.

(5) 문법은 따로 떼어 외우지 말고 문장 안에서 파악하라

❶ 목적격 보어, 관계대명사 같은 단어들이 너무 어렵게 느껴질 경우, 문법만 외우지 말고 해당 문법이 쓰인 예문을 반복해서 읽어라(되도록이면 EBS 교재나 교과서).

❷ EBS 교재나 교과서, 1001개의 문장이 적힌 《천일문》이라는 교재를 활용하면 좋다.

(6) EBS 교재 지문을 반복해서 봐라

❶ 지문은 첫 문장만 봐도 내용을 알 수 있게 15번 이상 읽어라.

❷ 변형 문제는 30초를 넘기지 않도록 5~6번 반복해서 풀어라.

3. 수학 공부법

(1) 기본 개념서 한 권은 무조건 독파하라

1~2단원만 보고 다른 문제집을 푸는 것보다 개념서 한 권을 끝까지 보는 것이 더 중요하다. 개념서를 통해 공식의 원리를 이해하고 기본기를 쌓아야 다양한 기출 문제나 변형 문제도 풀 수 있는 것이다.

(2) 문제집 여러 권을 푸는 것보다 한 권을 무한 반복하라

수학 시험은 문제 유형이 대부분 비슷하다. 여러 문제집을 풀거나 틀린 문제 위주로 푸는 것도 중요하지만, 우선은 한 권을 골라 풀어서 완벽하게 익히는 것이 먼저다. 그래야 제대로 이해했는지가 판가름 난다.

(3) 자신의 수준을 먼저 파악하라

모의고사를 풀 때 본인이 어떤 문제에서 틀렸는지 분석하라. 난이도별 2, 3, 4점 짜리만 모아놓은 문제집도 있으니 참고하여 익히면 좋다. 그러다가 익숙해지면 많이 틀린 유형의 문제, 고난이도 문제를 집중적으로 풀면 된다.

(4) 수학 문제를 유형별로 정리하라

수학 문제를 유형별로 정리해서 해당 문제를 풀 때 어떤 공식을 대입해야 문제를 풀 수 있는지 그 과정을 파악해두면 좋다. 나중에는 그 유형의 문제만 보아도 문제 풀이법과 관련 공식이 떠오를 정도로 완벽하게 알아야 한다.

(5) 문제는 쉬운 문제부터 정복하라

수학은 쉬운 문제부터 천천히 정복해서 두려움을 없애는 것이 중요하다.

(6) 문제 풀이법은 따로 정리해서 외워라

수학도 필요에 따라 암기를 할 수 있다. 가령 틀린 문제의 풀이 접근법을 수학 노트에다가 정리를 해 두고 외워 놓으면 나중에 낯선 문제를 보더라도 그 접근법 안에서 해결이 가능하다. 일종의 수학 문제 유형별 네비게이션을 만들어두는 것이다.

(7) 한 문제를 풀 때는 두 가지 이상의 풀이로 풀어봐라

수학 문제를 이런저런 방법으로 풀 때 수학적 사고가 확장되고, 출제자가 어떤 공식이나 원리를 써서 이 문제를 풀기를 원했는지 그 의도도 좀 더 명확하게 파악할 수 있다.

❶ 수학 문제 접근법을 노트에 따로 정리하라.

❷ 접근 방법이 어느 교재, 어디서 나왔는지도 함께 적어두고 참고하라.

(8) 매일매일 문제를 풀어라

쉬운 문제를 반복해서 풀면 시간이 단축되어서 어려운 문제에 더 시간을 쏟을 수 있다. 또 어려운 문제를 한두 개라도 매일 풀면 나중에 어려운 문제를 마주했을 때 두려움이 덜하다.

(9) 스스로 답을 찾는 습관을 길러라

문제를 풀어보다가 모르면 바로 답지를 볼 것이 아니라 20~30분 스스로 고민해

서 답을 찾으려는 노력이 필요하다. 그래도 답이 안 나오면 답지의 해설을 1/3만

먼저 보고 다시 생각해보고 다시 답지의 1/3을 더 보는 것이다. 문제를 물고 늘어

지며 생각하는 습관은 어려운 문제를 맞닥뜨렸을 때 빛을 발휘한다.

4. 사회탐구 공부법

(1) 한국지리, 백지도를 따라 그려라

지리부도 위에 흰 종이를 대고 대한민국지도의 산맥 하나까지 직접 따라 그려보면 그 지리의 모양이 잘 외워진다. 그리고 그 지도 위에 나에게 필요한 정보, 내가 부족하다고 생각하는 부분의 정보만 골라 적어서 나만의 지도를 만든다.

(2) 한국사, 개념 정리를 한 편의 야사로 만들어라

개념은 100번 읽어도 머리에 안 들어온다. 이럴 때에는 차라리 야사처럼 흥미로운 이야기로 재구조화해서 그 흐름을 외우는 것이 더 낫다. 우리가 소설, 영화, 드라마를 통해 시대적 배경, 주인공, 굵직한 역사적 사건을 억지로 외우지 않고 자연스럽게 체득하는 원리와 같다. 물론 세세한 내용은 보완이 필요하다. (수업 중 선생님이 얘기해주신 재미있는 일화들을 기억해두어도 좋다!)

(3) 윤리, 철학서를 통해 배경지식을 넓혀라

사상가와 그의 철학, 이념을 익히려면 관련된 철학서를 읽는 것이 도움이 된다. 철학자의 일대기를 다룬 책을 봐도 좋고, 비슷한 학파나, 비슷한 시기의 동서양 이념을 함께 묶어서 공부하는 것도 방법이다.

(4) 역사, 커다란 강줄기와 같은 역사의 큰 흐름을 파악하라

시대별로 큼지막한 사건들을 나열하여 뼈대를 잡고, 가지를 치듯 더 작은 단위의 사건, 인물, 배경 등을 나열하여 정리하면 좋다. 가령 조선시대면 조선시대 전기, 중기로 나누고, 그 시대별로 어떤 사건에 주목해야 하고 그 사건으로 인해 무엇이 달라졌는지 파악한다. 또한 그 사건과 관련된 인물이나 내용을 덧붙인다. 역사는 전체적인 흐름을 파악하고 나서 그다음에 암기하는 것이 효과적이다.

5. 과학탐구 공부법

(1) 같은 유형의 문제를 10번, 20번 반복하라

유형과 그 유형을 푸는 풀이 방법이 익숙해질 때까지 10~20번 반복하라. 특히 과학탐구 영역은 유형이 한정되어 있기 때문에 기출문제를 풀어보면서 시험에 잘 나오는 유형 몇 가지를 파악하고 있으면 유리하다.

(2) 지구과학1은 무조건 선택하라

과학탐구 영역의 여러 과목이 암기와 수학적 사고를 함께 요구하는 것들이 많다. 특히 수학적 사고를 요구하는 과목의 문제들이 난이도가 높은데, 그중 지구과학1의 난이도가 그나마 가장 낮다.

(3) 알고리즘을 짜라

물리 지문을 볼 때 미리 도식화해서 화살표로 다 그려놓으면 그 안에서 선지가 출제된다. 따라서 지문의 핵심을 먼저 요약해놓고 그 내용이 선지의 내용과 일치하는지 비교해보면 문제 풀기가 훨씬 좋다. (물리, 화학은 개념을 다 외워두어야 한다. 물어보면 바로 대답할 수 있을 정도로 숙달되어야 선지를 파악할 때 유리하다.)

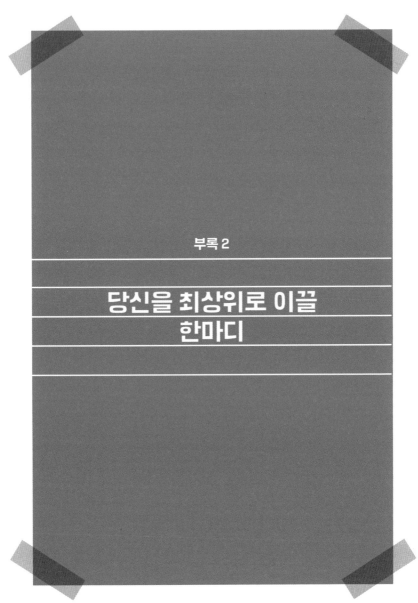

부록 2

당신을 최상위로 이끌 한마디

"내가 공부를 안 해 놓은 게 후회가 되지 않게"

- 서울대학교 지리학과 고나영

사실 10~20대 초반에 어떻게 자기 인생을 구체적으로 설계해요? 우리나라 교육 환경에서는 더 힘들고요. 다만 꿈이나 목표가 아직 명확하지 않다고 해서, 그게 공부를 열심히 하지 않아도 될 이유가 되지는 않는다는 걸 명심하셨으면 좋겠어요. 아직 하고 싶은 게 정해져 있지 않다고 해서! 목표가 없다고 해서! 공부를 못하는 게 아니고, 언젠가 생길 목표를 위해서! 내가 공부를 안 해 놓은 것이 후회되지 않게 하는 게 중요한 거 같아요. 나중에 정말 하고 싶은 게 생겼는데, 학창 시절에 공부를 안 해놓은 것이 발목을 잡으면 어떻게 해요? 그때 가서 '아 공부 좀 해놓을걸.' 후회하는 건 너무 슬픈 후회잖아요. 그러니까 지금 당장 목표가 없다고 해서 하지 않겠다고 핑계 댈 게 아니라, 언젠가 생길 목표를 위해서 미리 준비하는 게 좋은 거 같아요.

"4시간이 8시간이 되고 12시간이 될 때까지"

- 서울대학교 정치외교학부 하형철

저도 공부를 처음 시작할 때 힘들었어요. 저라고 어떻게 처음부터 12시간씩 공부했겠어요. 4시간을 하다가 익숙해지니까 8시간이 되고 12시간이 된 거죠. 그렇게 되기까지 수많은 시행착오를 겪었어요. '예습, 복습이라도 먼저 해보자.' 생각하며 할 때도 있었고, 어떻게 공부해야 할지 몰라서 '시간이라도 채워보자.'라고 다짐하며 한 적도 있어요. 그렇게 하다 보니까 시간을 효율적으로 쓰면서 공부하는 방법에 대해 고민하게 되었고, 요령이 생긴 거죠. 처음 시작할 때는 누구나 다 힘든 법이에요. 그런데 시작하고 하다 보면 반드시 되거든요. 그러니까 여러분도 저처럼 내가 할 수 있는 것부터 찾아서 시작해보면 어떨까요?

"공부를 열심히 해야 하는 가장 단순한 이유"

- 서울대학교 경영학과 김학성

대학교 잘 가서 나쁠 거는 하나도 없잖아요. 그렇기 때문에 전 사실 공부를 열심히 안 하는 게 잘 이해가 안 되거든요.

"공부는 질보다 양이다"

- 서울대학교 컴퓨터공학부 김효민

"공부 어떻게 하면 잘해요?"라는 질문을 받을 때 저는 일단 많이 해보라고 해요. 질보다 양인 거죠. 특히 처음 공부를 할 때는 자신이 공부해야 할 양을 충분히 소화해야 그다음에 질적으로 나아질, 그러니까 효율적인 방법을 고민하게 되거든요. 스스로 길을 찾는 셈인 거죠. 헬스장 가면 트레이너들이 역기를 들 때 처음부터 10개 들 생각하지 말고, 1개를 하더라도 자세를 똑바로 잡고 하라고 얘기하잖아요. 물론 중요한 이야기죠. 그런데 처음 하는 사람이 어떻게 완벽한 자세를 찾아서 취하겠어요. 자기 몸에 맞는 올바른 자세를 찾으려면 계속 시도해보면서 몸이 알아챌 때까지 맞춰 가야죠. 그건 운동하는 시간을 늘리고, 자꾸 해봐야만 알수 있는 거예요. 공부도 마찬가지인 거죠. 처음에는 요령이나 어떤 효율적인 방법이 중요한 게 아니라 일단 공부하는 체질, 습관을 들이는 게 중요해요. 그러면 방법은 자연스럽게 따라올 거예요.

"이왕 해야 하는 공부라면 좀 더 적극적으로"

- 서울대학교 의예과 김동만

좀 더 적극적이었으면 좋겠어요. 물론 공부하기 싫은 거 이해해요. 저도 하기 싫었으니까요. 그런데 하기 싫다고 안 하고 내버려 두면 나중에 더 하기 싫은 것들을 해야 할 수도 있어요. 자신이 지금 학생이고 선택할 수 있는 것이 많지 않다면, 어차피 공부를 하긴 해야 한다면 이왕에 할 거 잘하면 좋지 않을까요?

"공부해야 하는 나만의 이유 찾기"

- 서울대학교 경영학과 최규원

공부를 잘하고 싶다는 건, 공부를 잘해야 하는 본인만의 이유가 있다는 말이잖아요. 그런 자기만의 뚜렷한 동기부여를 찾는 게 중요하다고 생각해요. 저 같은 경우 공부 잘하는 학생으로 인정받고 싶어서 열심히 노력했던 거 같아요. 사람마다 동기는 다를 수 있는데 어쨌든 여러분도 자신만의 이유를 반드시 찾았으면 좋겠어요.

"성공하는 가장 쉬운 방법이 공부다"

- 서울대학교 경제학부 원유석

저처럼 가정 형편이 좋지 않은 사람은 그 상황을 벗어날 수 있는 가장 쉬운 방법이 공부인 것 같아요. 예술이나 운동처럼 특정 분야에 뛰어난 재능이 있는 게 아니라면요. 그나마 노력해서 성공할 수 있는 유일한 방법이 공부인 셈이죠. 또 대한민국에서 좋은 대학에 가지 않으면, 사람들이 그 사람의 말을 귀담아 들어주지 않잖아요. 그러니까 세상에 좋은 영향력을 끼치고 싶다거나 성공하고 싶다거나 어떤 의미 있는 일을 하고 싶으면 일단 공부해야 하는 것 같아요.

"공부는 내 미래에 반드시 도움이 된다"

- 서울대학교 사회학과 서장원

공부를 잘하면 나중에 뭔가를 선택할 수 있는 폭도 넓어지는 것 같아요. 또 공부하면서 다양한 내용을 접하다 보면 세상을 보는 눈도 밝아지고요. 무엇보다 꾸준히 공부하는 습관, 공부를 대하는 태도는 어떤 분야의 공부나 일을 하더라도 도움이 된다고 생각해요. 포기하지 않고 도전하는 정신, 성실함, 끈기, 구체적인 성과, 그런 것들은 세상 살면서 꼭 필요하잖아요. 그러니까 공부를 열심히 한다면 미래에 자기가 어떤 꿈을 꾸든지 도움이 되는 건 확실해요.

"공부는 미래를 위한 투자이자, 삶을 위한 수단이다"

- 서울대학교 경제학부 정현오

학창 시절에 하는 공부는 나에 대한 투자죠. 좀 더 나은 삶을 살기 위한 투자이자 저축이라고 생각하면 좋을 것 같아요. 의무교육 수준의 공부는 세상살이에 필요한 기초 지식이고 이를 바탕으로 나의 교양이 높아지잖아요. 또 공부 습관을 들이면서 자기 관리 하는 역량도 키울 수 있으니 공부를 안 할 이유가 없지 않나요?

"미래의 나에게 부끄럽지 않기 위해서"

– 서울대학교 경제학부 변상현

미래의 나에게 부끄럽지 않기 위해서, 당당하게 나서기 위해서 한 번쯤 공부를 열심히 했으면 좋겠어요. 그저 무의미하게 시간을 보내는 것보다 '그래도 나 그때 공부 하나는 진짜 최선을 다해서 열심히 했다.'라고 자신에게 말해주는 게 멋있지 않나요? 적어도 도망치지는 않았으니까요. 공부를 다 하고 나서 잠자리에 들었는데, '아 나 오늘 진짜 열심히 했는데, 내일도 똑같이 이렇게 할 수 있을까?'라는 생각이 들면 최소한 그날 하루는 성공한 하루라고 생각해요.

"너 이거 아니면 할 거 있어?"

– OO대학교 OO학과 OOO(익명)

솔직히 우리 사회가 대학 타이틀로 거의 다 평가되잖아요. 만약 다른 거를 정말 잘한다면 괜찮지만, 최소한 먹고살기 위해서 예체능 쪽이 아니면 다른 거 뭐 할 게 있는지 묻고 싶어요. 대부분 공부 아니면 미래가 굉장히 불확실해요. 정말 그런 삶을 살고 싶어요? 안정적인 삶을 원한다면 좋은 대학을 가야 하지 않을까요?

"아직 해보지 못했을 뿐이다"

- 서울대학교 경제학부 김유진

제 동생한테 해주고 싶은 말인데, 수험생 여러분들한테도 해주고 싶네요. "다른 사람들이 다 하니까 해야 하는 게 공부가 아니라 너니까, 너라서 할 수 있는 게 공부다."라고요. 아직 제대로 해보지 않았을 뿐이지 분명히 잘할 수 있다고, 그러니까 자신을 믿고 최선을 다 해봤으면 좋겠다고, 분명히 너의 가능성을 발견하게 될 거라고. 그렇게 말해주고 싶어요.

"당신은 공부를 못하는 게 아니다"

- 고려대학교 경제학과 강석병

학생 대부분이 공부를 싫어하는 게 자기가 공부를 못한다고 생각해서잖아요. 그런 친구들이 만약에 스스로 공부를 잘한다고 생각하면 분명히 좀 더 해볼 텐데, 안타깝죠. 제대로 시작해보거나 방법만 조금 바꿔도 확연히 다른 결과를 얻을지도 모르는데, 그 가능성을 모른다는 것이요. 그래서 스스로 공부를 못한다고 생각하는 분들에게 꼭 해주고 싶은 말이 있어요. "어쩌면 당신 생각이 틀렸을지도 몰라요. 당신은 공부를 못하는 게 아니라고요." 그러니까 스스로 엄청난 잠재력을 가지고 있다고 믿고 한 번쯤은 제대로 공부를 열심히 해봤으면 좋겠어요.

공부력을 키워주는
공부법 10계명

1. 사교육을 적극 활용하라.

EBS기출문제는 필수. 일타 강사의 인강, 학원 활용.

2. 선행학습은 6개월에서 1년이 적기다.

단, 본 수업에 집중하지 않으면 무용지물.

3. 학원 수업, 인강을 듣고 공부했다고 착각하지 마라.

보고 들은 것을 직접 풀어보고 이해해야 진짜 내 공부.

4. 모르는 것은 반드시 묻고 과정을 분석하라.

어려운 개념이나 공식을 배울 때 모르면 선생님, 친구, 교재 활용.

단, 묻고 난 다음에는 반드시 '왜'라고 스스로 질문하고 분석할 것.

5. 암기는 최소한 10번을 반복하라.

눈으로 보고 입으로 따라 읽고 손으로 베껴 쓰며 10번 반복.

6. 공부 목표와 계획은 시간 단위가 아닌 '양'으로 결정한다.

5시간 공부하겠다가 아닌 1시간 안에 10문제를 풀겠다고 설정.

7. 구체적인 계획은 일일, 주 단위로 세워라.

분기별, 반기별, 연간 계획까지 구체적으로 세우는 것은 비효율적.

8. 필기는 요점만 간단하게!

모든 수업 내용을 필기하려고 하지 말 것. 단권화해보기.

9. 본습 〉복습 〉예습 순서를 기억하라.

공부할 때 가장 중요한 건 본 수업, 그다음이 복습이다.

10. 시간이 없다면, 암기 과목에 집중하라!

국영수의 경우 자주 나오는 유형을 반복해서 풀 것.

수능 만점자 30인

2018학년도 수능 만점자 5명
01. 서울대학교 경제학부 심지환
02. 서울대학교 인문광역 윤도현
03. 연세대학교 의예과 김태현
04. 연세대학교 의예과 최동욱
05. ○○대학교 의예과 ○○○(익명)

2017학년도 수능 만점자 1명
06. 서울대학교 경제학부 이영래

2016학년도 수능 만점자 8명
07. 서울대학교 의예과 강도희
08. 서울대학교 의예과 김동만
09. 서울대학교 경영학과 김학성
10. 서울대학교 경제학부 이경훈
11. 서울대학교 경제학부 정현오
12. 서울대학교 지리학과 고나영
13. 서울대학교 사회학과 서장원
14. 서울대학교 서양사학과 윤주일

2015학년도 수능 만점자 5명
15. 서울대학교 경영학과 이동헌
16. 서울대학교 경제학부 김유진
17. 서울대학교 컴퓨터공학부 김효민
18. 연세대학교 의학과 김현지
19. ○○대학교 의학과 ○○○(익명)

2014학년도 수능 만점자 7명
20. 서울대학교 정치외교학부 하형철
21. 서울대학교 경영학과 최규원
22. 서울대학교 경제학부 변상현
23. 서울대학교 경제학부 원유석
24. 서울대학교 심리학과 강상훈
25. 서울대학교 농경제사회학부 변유선
26. 고려대학교 경제학과 강석병

2013학년도 수능 만점자 3명
27. 서울대학교 경영학과 이충영
28. 서울대학교 자유전공학부 이승규
29. 연세대학교 경영학과 서준호

2012학년도 수능 만점자 1명
30. 서울대학교 경영학과 김승덕

김도윤

(주)나우잉 교육컨설팅사 대표, 대한민국 최고의 동기부여 전문가

'스물네 살 지방대 입학, 서른 살 늦깎이 졸업생'이란 꼬리표를 '공모전 17관왕', '고용노동부 청년 멘토', '대한민국 국민대표 61인', '대한민국 인재상(대통령상)' '베스트셀러 작가'라는 타이틀로 바꾼 근성의 청년. 공부에 대한 갈증과 끈질기게 덤벼들어 해내고 말아야 직성이 풀리는 성격 탓에 대학 입학 후 누구보다 열심히 공부했다. 노력한 만큼 손에 쥐어지는 성과들을 보며 공부의 즐거움을 깨우친 다음부터는 지금도 다양한 분야의 사람들을 만나고 그들의 이야기를 체화하며 공부하기를 게을리하지 않는다. 이러한 이력을 바탕으로 다국적 홍보회사 플레시먼힐러드코리아를 거쳐 교육컨설팅사 ㈜나우잉을 창업했으며, 현재는 창의성, 프레젠테이션, 동기부여 등을 주제로 삼성전자, 현대자동차, KT&G는 물론 경북대, 전북대 등 전국 주요 대학에서 강연하고 있다. 또 서울특별시와 대구광역시 등에서 다수의 공모전 심사위원으로도 활약하고 있으며, KBS '아침마당'에도 출연했다. 저서로《날개가 없다 그래서 뛰는 거다》《인사담당자 100명의 비밀녹취록》《기획에서 기획을 덜어내라》《최후의 몰입》등이 있다.

1등은 당신처럼 공부하지 않았다

2018년 12월 12일 초판 1쇄 | 2023년 2월 7일 20쇄 발행

지은이 김도윤
펴낸이 최세현 **경영고문** 박시형

책임편집 조아라
마케팅 양근모, 권금숙, 양봉호, 이주형 **온라인마케팅** 신하은,정문희, 현나래
디지털콘텐츠 김명래, 최은정, 김혜정 **해외기획** 우정민, 배혜림
경영지원 홍성택, 김현우, 강신우 **제작** 이진영
펴낸곳 (주)쌤앤파커스 **출판신고** 2006년 9월 25일 제406-2006-000210호
주소 서울시 마포구 월드컵북로 396 누리꿈스퀘어 비즈니스타워 18층
전화 02-6712-9800 **팩스** 02-6712-9810 **이메일** info@smpk.kr

ⓒ 김도윤 (저작권자와 맺은 특약에 따라 검인을 생략합니다)
ISBN 978-89-6570-741-7 (13370)

쌤앤파커스(Sam&Parkers)는 독자 여러분의 책에 관한 아이디어와 원고 투고를 설레는 마음으로 기다리고 있습니다. 책으로 엮기를 원하는 아이디어가 있으신 분은 이메일 book@smpk.kr로 간단한 개요와 취지, 연락처 등을 보내주세요. 머뭇거리지 말고 문을 두드리세요. 길이 열립니다.